웰레스트

웰레스트

이내화 지음

모아북스
MOABOOKS

웰레스트에 대한 개념 익히기

2001년 무렵, 무급 휴직계를 내고 전세금 9천만 원을 털어 가족과 1년간 배낭여행을 다녀온 한 서울시 공무원의 이야기가 세간의 화제가 된 적이 있었다. 지금은 비교적 이런 사람이 많아졌지만 당시는 무척 파격적인 경우라 너도 나도 이들의 스토리에 귀를 기울였다.

이 대단한 '일탈'의 주인공은 모 일간지와의 인터뷰에서 다음과 같이 생각을 털어놓았다.

"스스로 일 중독에 빠져 있다고 느껴 떠났어요. 지구촌 구석구석을 돌아보니 한국의 30~40대 직장인들만큼 일에 매달리는 사람도 드물었습니다. 일중독은 알코올 중독 못지않게 가정과 사회에 해악을 끼치는 정신적 질병입니다."

또한 그는 이 여행을 통해 얻은 바에 대해서 이렇게 이야기했다.

"다른 가족들이 평생을 두고 할 얘기를 우리는 1년 동안에 했고, 평생을 함께 살아도 알지 못할 서로의 진면모를 알고 이해하게 됐습니다. 돈으로는 살 수 없는 소중한 경험과 자신감을 얻었습니다."

주 5일 근무에 대한 패턴

"아무도 없는 곳에서 아무것도 하지 않고 일주일만 쉬었으면 좋겠다."

바쁘게 사는 이들이 하나같이 내뱉는 하소연이다. 아마 여러분도 별반 다를 게 없을 것이다. 상사, 부하, 동료, 서류, 전화, 심지어 가족조차 없는 곳에서 쉬고 싶을 때가 누구에게나 있지 않은가. 허리가 휠 정도로 일에 치이면 머리에 일 말고는 다른 생각이 들어올 틈이 없고, 이것을 오래 방치하면 진공관이 폭발하듯이 더 큰 문제가 터진다.

이제 우리 사회에도 주 5일 근무가 안정적으로 정착되고 있다. 처음에는 반신반의하던 직장인들도 주 5일만 근무하고 주말에는 쉬는 패턴에 익숙해지기 시작한 것이다.

실로 주 5일 근무는 우리의 업무 환경이 선진국화되고 있다는 지표이자 일과 삶 사이의 균형을 잡아주는 지렛대가 되었다. 과거에는 "많이 일하고 많은 돈을 벌자."가 노동의 주요 핵심이었다면 이제는 "좀 더 좋은 환경에서 충분한 휴식을 취하며 일하자."가 주안점이 된 것이다.

하지만 이런 놀라운 현실 앞에서도 사람들의 얼굴은 그다지 밝아 보이지 않는다. 이는 주말 이틀을 쉬게 되었음에도 그 주어진 여유를 제대로 누리지 못하기 때문이다. 특히 회사와 일에 자신의 삶을 집중하는 이들의 경우 삶에서 일을 제외하고 나면 남는 것이 별로 없다. 주말에 늘어지게 자는 잠, TV 앞에서 시간 보내기 정도로 한 주의 고단함을 달래는 정도가 휴식이라면 휴식이다.

하지만 이제 세상은 변했다. 이제는 잘 노는 사람이 일도 잘하고 돈도 잘 번다. 하지만 확실한 사실 하나는 노는 것도 실력 문제고, 잘 놀려면 준비와 훈련이 필요하다는 것이다.

우리는 Well- Resting 시대를 맞이하고 있다

가장 먼저 살펴볼 것은 어째서 '잘 쉬고 잘 노는 것' 이 왜 중요해졌는가이다. 주 5일 근무라는 혁명이 태동한 것에는 여러 배경이 있겠지만, 무엇보다도 일과 직업, 나아가 삶에 대한 우리의 태도가 변화했기 때문이다. 다음의 도표를 보자.

생활(LIFE)의 진화도

버전	구분	배경	이름	가치	코드	의미	수단	내용	소득	방법
1.0	Being	산업화	처세학	명분	NO 1	生存	錢	먹고 살자	1만불 이하	財테크
2.0	Well-Being	정보화	성공학	얻음	Best1	頂上	業	잘 먹고 잘 살자	1~2 만불	職테크
3.0	Well-Resting	창조화	성취학	이룸	Only1	成就	夢	인간답게 살자	2~3 만불	體테크
4.0	Well-Dying	감성화	기부학	나눔	O&B1	幸福	心	가진 것을 배풀자	4만불 이상	心테크

이것을 자세히 풀이하면 이렇다.

① **버전 1.0(Being) :** 이 시대는 소득 수준이 1만 달러 이하일 때를 뜻한다. 이때는 모든 게 먹고사는 문제였다. 이는 매슬로의 욕구 5단계 중 가장 하위의 만족으로서 생존이 가장 소중한 가치이자 의미였다. 이 시기는 돈이 가장 중요한 가치였고, 따라서 돈 많이 버는 양조장 주인, 방앗간 주인 같은 만석꾼들이 성공 모델이었다.

② **버전 2.0(Well-Being) :** 하지만 소득이 1만 달러에 다다르면 성공도 학문이 된다. 흔히 성공 신화라는 말을 자주 들어봤을 것이다. 우리나라의 경우 IMF 직후의 사회가 그러했는데, 이처럼 혼란스러운 시기에 오히려 많은 부자들이 탄생하게 된다.

또한 이는 웰빙이라는 하나의 시대적 흐름과도 같이 한다. 웰빙은 말 그대로 그냥 사는 것이 아니라 잘 사는 게 목적이다. 특히 자기계발에 대한 욕구가 커지면서 사업을 하거나 큰 도전장을 걸고 인생의 반전을 도모하는 이들이 많아졌다. 동시에 아파트 투자 열풍, 명품 열풍 등이 탄생하고 본질보다는 현상에 치중하게 된다. 이 시대는 성공학과 자기경영의 시대이자, 성공을 향해 치열한 경쟁을 벌이는 시대였다.

③ **버전 3.0(Well-Resting) :** 이 시대는 소득 수준이 2만을 넘어 3만 달러로 진입할 때 펼쳐지는 시대로서 지금 우리가 현재 살고 있는 시대다. 그렇다면 웰레스팅 시대의 웰레스트(Well-Rest)란 무엇을 의

12

미할까? 이는 문자 그대로 잘 쉬는 것을 의미하기도 하지만, 본질적으로 보면 성공지상주의가 식상해지면서 조직보다는 자신과 가정에 집중하는 등 행복이 먼저라는 생각을 대변한다. 주변을 둘러보라. 같은 성공학도 예전과 달리 감성과 공감의 코드가 자리를 잡고, 현상보다는 본질과 기초를 탐구하는 이들이 많아지지 않았는가.

이제 모두가 1등은 할 수 없지만 누구나 성취를 누릴 수 있는 세상이 열려야 한다. 즉 웰레스트 시대의 화두는 돈 버는 것도 중요하지만 인간답고 여유 있는 삶, 휴식과 함께 하는 삶을 누리는 것이다.

④ **버전 4.0(Well-Dying)** : 국민소득 4만 달러 시대가 멀지 않았다. 이 수준에 다다르게 되면 4.0의 세상, 즉 웰다잉의 시대가 열린다. 잘 먹고 잘 사는 것을 넘어 인간답고 건강하게 살자는 욕구가 고착화되면서 매슬로 욕구 5단계 중에 자아실현의 단계로 넘어가게 된다. 또한 인간의 감성을 중시하는 기부학이라는 단어가 중요한 역할을 하면서 나눔이란 가치가 부각된다. 빌 게이츠와 워렌 버핏의 빌&멀린다게이츠재단을 아는가. 이들은 아프리카의 말라리아 퇴치를 위한 기부사업을 펼치고 있다. 이처럼 때때로 기부는 정부와 유엔도 못하는 일을 해낸다. 이들은 남을 위해 돈을 쓸 때 가장 가슴 뜨겁다는 것을 알고, 자신들이 부를 쌓을 수 있었던 밑바탕에는 사회가 있음을 안다. 한국에는 대표적으로 1억 이상의 고액 기부 모임인 '아너소사이어티(Honor Society)'가 앞장 서서 노블레스오블리제를 실천하고 있다.

이처럼 4.0 시대에 가장 중요한 가치는 단순한 개인적인 성공이나 성취가 아니라 나눔과 행복, 공감이다. 이는 우리가 잘 살고, 잘 쉬는 것을 넘어 '어떻게 잘 죽을까' 까지 고민하게 되었음을 반증한다. 즉 시간이 흐르면서 현대인들은 필연적으로 다음의 도표를 따르게 된다.

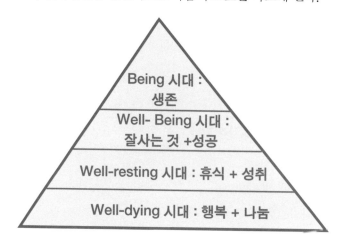

　　나아가 현재는 웰레스팅 시대, 즉 휴식과 성취의 시대로서 앞으로 행복과 나눔의 4.0 버전을 이끌어갈 준비를 또 다시 시작해야 한다.

휴식에도 노하우가 필요하다

　　그렇다면 웰레스팅 시대에 훌륭한 웰레스트를 구가하려면 어떻게 살아야 할까?

　　이제 폭넓은 미래를 준비하고 설계할 마음의 여유와 시간이 과거보다 절실해졌다. 하지만 아직 대부분은 이 시대의 혜택을 충분히 누리지 못하고 있다. 일에만 매달려 살아온 과거의 습관을 되풀이함으로써 삶이 선사하는 풍요를 방치해버리는 것이다.

　이제 자기계발은 일 잘하는 능력을 신장시키는 것만이 아니다. 이제는 충분한 휴식과 행복을 누릴 수 있는 능력 또한 계발해야 한다. 이 책은 웰레스트, 즉 휴식을 통해 삶을 충전하고 미래로 나아갈 때 가장 온전한 성공을 누릴 수 있다는 시대적 요구에 발맞춰 휴식과 놀이의 가치와 힘을 알리기 위해 쓰여졌다.

　"아, 쉬고 싶어."를 외치면서도 쉬지 못하는 이들, 집에까지 일 더미를 안고 오는 이들, 항상 복잡한 생각과 일상에 피로에 젖어 있는 이들, 나아가 미래의 트렌드를 살펴봄으로써 더 풍요로운 성공을 누리고 싶은 모든 이들에게 이 책을 권한다.

이 내 화

차／례

1부 WORK

걷어찰 것인가 ? 걷어차일 것인가 ?

01 노동의 종말은 예고되었다

05 주 5일제는 제4의 혁명이다

2부 RETIRE

호모 헌드레드 시대의 출연

01 100세 인생, 어떻게 보낼 것인가?

3부 SUCCESS

진정한 명품 삶은 따로 있다

4부 PLAY

잘 놀기 위한 실전편

5부 LIFE

내 인생의 마스터 피스가 되는 길

07 호모 기버스(HomoGivers)가 되라

걷어찰 것인가?
걷어차일 것인가?

01
노동의 종말은 예고되었다

오래 전에 일본에 출장을 갔을 때 들렀던 한 중소기업 정문에 다음과 같은 문구 하나가 붙어 있었다.

'못 노는 사람은 일도 못한다.'

이 치열한 경쟁사회에서 이런 사훈을 떡하니 게시해 놓은 게 다소 놀랍기도 했지만 금방 고개를 끄덕일 수밖에 없었다.

나 역시 지인들을 만날 때마다 "놀 줄 모르는 사람은 일도 못한다."고 말하기 때문이다.

산업사회를 지나오면서 우리는 '일과 직업'에 대해서는 통달했다. 업무 능력이 뛰어나면 승진도 빠르고 더 많은 돈을 벌 수 있다는 것을 아니, 주구장창 어떻게 일 잘할까만 고민한다. 반면 노는 일과 휴식에 대해서는 어떤가? 여기에 대한 가치관을 정립해본 적도 없고, 지식은 한없이 부족하다.

여기서 잠깐

자유 시간이 없다는 사람들에게

많은 직장인들이 "바쁘다 바빠, 시간이 모자라."를 입에 달고 살아간다.

그런데 정말로 하루 24시간이 그리도 짧은 시간일까? 당신에게 주어지는 1주일을 살펴보자. 1주일은 24시간×7일 = 168시간이고, 이 중에서 근무 시간 40시간을 제외하면 168시간 - 40시간 = 128시간이다.

여기서 하루 3시간을 출퇴근 시간으로 잡으면 128시간 - 15시간=113시간, 그리고 하루 8시간 잠을 자면 113시간 - 56시간 = 57시간이 남는다. 이 57시간이 일주일 동안 당신에게 고스란히 주어진 시간이다.

영국의 한 저명한 물리학자는 자기를 도와 일하는 조교의 안색이 나빠 보이자 이렇게 말했다.

"자네 얼굴을 보니까 건강에 이상이 있는 것 같구먼. 내가 처방전을 줄 테니 그대로 해보게나!"

그날 저녁, 봉투에 담긴 학자의 처방전을 열어본 조교는 고개를 갸우뚱했지만 금방 미소를 지었다.

그 처방전에는 이렇게 쓰여 있었다.

"자연을 벗 삼아 푹 쉬기. 이것을 7일 간 복용할 것."

휴가에 죄책감을 느끼는 한국인

하지만 이 이야기는 사실상 한국인에게는 멀게만 느껴진다. 한번은 국제 여론조사기관 「입소스」가 24개국의 64세 이하 성인 근로자 1만 2천 500명을 대상으로 휴가를 모두 사용하는지 설문조사를 실시한 적이 있다.

그 결과 프랑스의 경우는 근로자 89%가 "주어진 휴가는 전부 쓴다."고 답해 1위에 올랐고, 이어서 아르헨티나(80%), 영국 · 스페인 (77%), 독일(75%) 등이 순위를 차지했다. 그렇다면 한국은 어땠을까?

한국의 순위는 24개국 가운데 21위로 휴가를 제대로 사용한다고 답한 이들이 53%에 불과했다. 직장인 둘 중에 하나는 눈치 보여 휴가를 쓰기 어렵다는 것이다. 놀라운 것은 직장인들뿐만 아니라 공무원들도 마찬가지였다는 점이다.

행정안전부가 공무원들에게 연간 16일의 휴가 사용을 의무화하고 계획안을 제출토록 했다는 걸 아는가? 그럼에도 심지어 통일부 장관 자신도 휴가를 가지 않았고, 공무원 의무 휴가안을 직접 기획한 행안부의 과장조차도 휴가를 가지 않았다고 한다. 상사들이 휴가를 가지 않는 분위기니 그 부하들이 어땠을지는 불 보듯 뻔하다.

왜 워커홀릭이 생기는가?

대한민국은 워커홀릭 비율이 가장 높은 나라 중 하나다. 특히 대한민국 정서상 주위에서 "일 잘한다, 일 잘한다." 찬사하니 더 출력을 높이는 경우가 많은데, 이 워커홀릭은 처음엔 가족관계를, 나중엔 대인관계와 자신마저 파괴한다.

그리고 통계청이 전국 만16세 이상 남녀 8만4천 명을 대상으로 실시한 사회통계조사에 의하면 우리나라 국민 4명 중 1명, 특히 40대는 '늘 시간에 쫓기며 생활하는 워커홀릭'인 것으로 밝혀졌다. 이 통계는 평소 생활의 여유를 묻는 질문으로 '늘 시간에 쫓긴다.'고 답한 사람이 26.4%였으며, '더러 시간에 쫓긴다.'고 답한 사람도 56%로, 결국 4명 중 3명이 생활에 여유를 갖지 못하는 것으로 나타났다.

실로 워커홀릭에 대한 사회적 대안을 요구하는 목소리도 거세다. 미국 월스트리트저널에 의하면 최근 많은 기업들이 워커홀릭을 방지하기 위해 다양한 아이디어를 동원하고 있다고 한다. 회의 많기로 유명한 SC존슨 사의 경우 한 달에 이틀을 '회의 없는 날'로 정했고, 네슬레 미국 법인에서는 매주 금요일 오전 10시 이후 회의를 금지했다. 미국 최고의 직장 2위에 선정된 사우스웨스트 항공도 마찬가지다.

이 회사는 일주일에 하루를 '생각하는 날'로 정해서 직원들이 하루 동안 사무실을 벗어나 호숫가를 거니는 등 생각의 시간을 준다. 심지어 한 가전제품 판매업체는 '죄책감 없는 휴가' 제도를 만들고, 신입사원이 들어오면 "휴가 중에 사무실로 전화를 걸지 맙시다."라는 구호를 복창하게 한다.

이는 매경이코노미가 뽑은 베스트 기업이자, 국내 최고의 복지경영을 자랑하는 우리나라의 포스코도 마찬가지다. 포스코에서는 2009년부터 이른바 '무늬만 휴가' 제도를 개선한 안식휴가제도를 도입했다. 안식휴가란 주어진 휴가일수를 탄력적으로 쓸 수 있도록 제도화함으로써 그간 쓰지 않은 의무 휴가일수를 누적 합산해, 적게는 한 주에서 길게는 한 달 동안 쉴 수 있도록 배려한 제도다.

가령 1년 동안 주어지는 기본 휴가일수가 10일인 직원이 이 중에 3일만 썼다면 다음 해에 언제든 원할 때 남은 7일을 쓸 수 있다. 포스코에서는 이것을 따로 '창의, 충전휴가(Idea Vacation)'라고 부르며 적극적으로 권장하는 것은 물론, 부서 그룹장들에게 먼저 나서서 휴가를 쓰라고 권함으로써 직원들이 눈치 보지 않고 휴가를 즐길 수 있도록 꼼꼼하게 배려하고 있다.

여기서 잠깐 | 워커홀릭의 나라 대한민국

경제협력개발기구(OECD)에 따르면 2007년 한국인의 1년 평균의 노동시간은 2,316시간으로, 10년 전의 2,592시간보다는 줄었지만, 여전히 OECD 30개국의 평균 1,768시간이나 미국의 1,794시간보다 많은 것으로 나타났다. 그러나 생산성에서는 OECD 국가들 가운데 구 동구권 국가를 제외하고는 하위권이었다고 한다.

이는 여러 이유가 있지만 많은 기업들과 고용주들이 근로자들의 노동량이 많을수록 자신들도 많은 이익을 낸다고 믿기 때문이다. 하지만 이와 관련해 최근 포스코에서 도입한 4조 2교대 근무제는 주목할 만하다.

포스코는 20여 년간 유지한 4조 3교대 근무제를 4조 2교대제로 바꾸면서 근로자들이 온전하게 누릴 수 있는 휴식일이 무려 1년에 87일이나 늘었다. 비록 교대 근무시간이 8시간에서 12시간으로 늘어나긴 했지만, 근로자들에게 시행 여부를 묻는 설문조사에서 94.4%의 압도적인 지지를 받았다. 이는 그만큼 근로자들이 온전히 즐길 수 있는 휴식 시간을 갈망하고 있으며, 이를 위해서 기업들도 다양한 프로그램과 시스템의 변화를 시도해야 한다는 것을 보여준다.

그렇다면 경쟁 치열하기로 유명한 미국 회사들이 워커홀릭을 경계하는 이유는 무엇일까? 이익이 없으면 문을 닫아야 하는 기업이 휴식과 놀이를 권장하는 것은 무엇 때문일까?

이유는 간단하다. 워커홀릭이 많으면 결국 손해이기 때문이다.

나는 워커홀릭을 인생의 편식이라고 본다. 삶을 지탱하는 세 개의 기둥인 일, 사랑, 놀이 중에 사랑과 놀이를 배제하는 것과 다름없다. 그러니 인생 자체가 삐거덕거릴 수밖에 없다. 이들은 불안해서 놀지 못하며, 일을 삶의 의미이자 놀이, 사랑으로 여긴다. 더욱이 작은 실수조차 용납하지 못하고 모든 일을 자기 책임이라고 생각하는 완벽주의에 시달린다. 근면하지만 융통성이 적어 한 곳에 관심을 두면 다른 것은 쳐다보지도 않는다.

어떤가? 과연 이런 상황에서 '행복'이 찾아올 수 있을까?

일하지 않는 즐거움도 있다

『일하지 않는 즐거움』의 저자인 어니 젤린스키는 TV는 한 달에 한 번, 일은 일주일에 나흘, 그것도 하루에 4시간만 청취하는 것으로 유명하다. 당신도 할 수 있겠냐고 묻는다면, 대부분은 "사는 게 너무 바빠서 불가능합니다."라고 답할 것이다.

워커홀릭에서 벗어나기 위한 처방은 간단하다. 그냥 미친 듯이 놀아보는 것이다. 일은 깡그리 잊고, 온몸의 피를 마구 펌프질해야 한다.

인생의 가장 큰 장애는 욕망과 두려움이다. 뭔가를 하지 못하는 건 두려움이 앞서기 때문이다. 놀이도 마찬가지로, 논 다음이 두려워서 놀지 못한다. 그렇다면 오히려 그 놀이를 통해 에너지를 얻고 두려움에 도전해보는 건 어떨까?

스님이 속세를 떠나 산중에 거하는 이유는 세상 속에서는 세상을 볼 수 없기 때문이다. 마찬가지로 일과 삶 전체를 관찰하려면, 일단 거기에서 빠져 나와 자기 삶을 객관적으로 바라볼 수 있어야 한다. 즉 전혀 다른 삶과 놀이를 통해 자신의 삶을 관찰해보라는 것이다.

놀이는 열 개의 눈을 확보하는 일이다

"산업시대를 지배한 것은 늑대처럼 눈이 정면에 달린 짐승들이었다. 스탈린이나 히틀러형의 독재들은 먹이를 좇아 오직 한 방향으로만 달리는 '파라노이어(편집광, 집중형 인간)형 인간이다. 그러나 21세기의 지식정보시대에는 토끼나 사슴처럼 눈이 양옆에 달려 사방을 보면서 도주할 수 있는 '스키조 프레니어 (분열증, 멀티 분산형) 의 인간형이 주도권을 잡게 된다."

창조경영 대가인 이어령 박사의 말이다.

간단하게 숫자 게임을 해보자. 다음에 소개하는 숫자를 큰 소리로 10회 반복해서 읽어보자!

"100, 200, 300, 400, 500, 600, 700!"

이제 문제를 내겠다. 600의 다음 숫자는 무엇일까?

정답은 601이다. 하지만 곰곰이 생각할 틈이 없는 사람들은 700이라고 답한다.

이처럼 쉬지 않고, 주위를 돌아보지 않고 일하는 것은 성공과 행복의 가능성을 걷어차 버리는 짓이다. 행복해지고 싶다면, 성공하고 싶다면 지금껏 당신이 경험해 보지 못한 새로운 체험을 해야 한다.

여행이든 스포츠든 예술이든 부업이든 행동으로 옮기지 못한 체험들에 뛰어들어 보라. 당신의 사고와 영혼과 세계관, 그리고 궁극적으로 당신을 둘러싼 세계가 달라질 것이다.

강의 때 나는 가끔 참석자들에게 "여러분은 TV를 켜고 끌 때 무엇을 사용하시죠?"라고 묻는다. 그러면 예상하듯이 대부분은 "리모컨"이라고 답한다. 하지만 답은 따로 있다. "TV는 '습관'으로 켜고, '용기'로 끈다."이다. 더 이상 TV 앞에 매달려 귀한 놀이 시간을 낭비해서는 안된다. 놀지 못하는 사람에겐 내일도 없다. 놀이혁명은 이미 시작되었다. 이젠 노는 만큼 성공하는 것이다. 걷어 차일 것인가? 걷어 찰 것인가?

이건 당신의 선택에 달려 있다.

왜 우리는 일만 하고 사는가?

어딜 가도 제대로 놀지 못하는 사람들이 있다. 이 놀지 못하는 유형 7가지를 나름 구분해보았다. 이름 하여 놀거지惡(악) 7이다. 이 말은 놀 줄 모르는 직장인 스타일 7가지를 의미한다. 과연 당신은 어떤 스타일인가?

첫째, 책상머리형

이들은 운동이나 취미 활동을 몸으로 하지 않고 '글'로 한다. 말하자면 연애도 직접 해보지 않고 책이나 이론으로 익힌다. 놀이나 취미 활동 관련 서적을 독파한다. 가령 MTB 라면 자전거에 관한 온갖 지식을 습득하지만 정작 MTB를 타지는 않는다. 이렇다 보니 이론적으로는 잘 무장되어 있어 자신이 그 분야의 달인인 것처럼 이야기 한다.

이들은 생각도 많고 계획도 거창하다. 그러나 놀지는 못한다. 생각으로는 세계여행, 성지순례, 백두대간 종주를 다 하지만 몸으로는 놀지 못한다.

둘째, 작심삼일형

대다수 직장인들이 이 유형에 속한다. 계기가 생기면 새벽 달리기, 수영, 인라인 스케이팅 타기 등을 시작하지만 결국 '3일 천하'다. 이들에게 놀이의 걸림돌은 '포기'다. 아마 당신도 생각해보면 이 영역을 벗어나지 못하고 있을 것이다.

나는 실내 수영장에 다닌 지 10년이 넘었다. 매년 마음을 가다듬고 등록하지만 늘 도중하차해서 지금껏 음파! 음파! 수준이다.

나아가 작심삼일형은 놀이뿐만이 아니라 매사에서도 그렇다. 가령 영어회화를 하면 이 기본서적인 교재 CD나 테이프를 다 들어보지 못한다. 욕심이 앞서서 다른 교재들을 사서 보다가 그 또한 끝맺지 못한다.

대나무는 마디에 매듭을 지어가면서 성장한다. 무엇이든지 배우는 과정에는 단계가 있음을 명시하자.

셋째, 붙박이형

이들은 움직이는 것을 싫어한다. 심리학자 칼 융은 사람의 행동 유형을 주도형, 표출형, 우호형, 사고형으로 나누는데, 이들은 대개 사고형이다. 아마 이런 유형을 배우자로 둔 이들은 주말이 답답할 것이다. 이들은 대개 TV 보기, 바둑, 비디오 등을 친구 삼아 종일 집 안에 처박히는 '방콕 아저씨'들이다.

이들은 움직이는 것을 죄악(?)으로 알며, 자아가 강해 다소 거만하다. 이런 탓에 남들과 어울리면 왠지 손해 본다고 느낀다. 이런 유형이 가장이라면, 그 가장은 무게중심을 잡고 집안에 있어야 한다는 인생철학을 가지고 있을 것이다.

넷째, 벼락치기형

대개 잘나가는(?) 이들이 이 유형에 속한다. 학창시절 중간고사를 앞두고 벼락치기를 잘하는 아이들이 있지 않던가. 이들은 놀이나 취미 활동 등을 지속적으로 하지 않고 몰아서 해치운다. 그러니까 이들에게는 놀이도 비즈니스고, 절대량을 채워야 만족스럽다. 만일 등산이 취미라면 한 달에 두세 번 갈 것을 하루 만에 다녀와 몸살이 나는 꼴이다. 하지만 절대량을 걸었으니 자신이 훌륭한 놀이꾼이라고 생각한다. 하지만 몰아쳐서 하는 놀이는 도박이며, 따라서 이들의 인생에는 놀이가 제대로 자리 잡지 못한다.

다섯째, 인스턴트형

이들은 놀이를 라면처럼 여긴다. 무엇이든지 후다닥 거저먹으려 든다. 비만인 사람이 식이요법과 운동을 게을리하고 약으로 해결하려 드는 것과 비슷하다. 이 인스턴트 방식은 한두 번은 효과를 보지만, 결국은 큰 손실을 가져온다.

인생은 마라톤처럼 지속적인 게임이다. "OOO처럼 1주일만 하면 컴퓨터 달인이 될 수 있다." 같은 건 먹히지 않는다.

젊은이들이 동경하는 식스팩을 보자. 이 복부 근육은 약을 먹어서는 생길 리 없다. 끊임없는 복근 운동으로 만들어진다. 인스턴트 유형들에게 가장 위험한 것은 그에 따른 역효과다.

여섯째, 다다익선형

맥가이버형이라고도 한다. 낚시, 골프, 등산, 스킨 스쿠버, 패러글라이딩, 승마, 요트 등등 전천후지만, 제대로 하는 건 하나도 없다. 이들에게 놀이는 '제대로 하기' 가 아니라 '여러 가지 하기' 다. 그러다 보니 일보다 놀이가 우선순위고, 놀이에 과잉 투지를 하게 된다. 놀이가 일을 앞서가서는 안 된다. 현상에 치우쳐서 본질을 경시한다면 그건 놀이가 아니라 놀음이다. 다다익선형들이 명심할 것은 '선택과 집중' 이라는 단어이다. 놀이에도 다이어트가 필요하다.

일곱째, 동네 한 바퀴형

이들에게는 명확한 인생철학이 있다. 바로 " 먹고 살기도 바쁜 데 무슨 놀이야! " 다. 그렇다고 놀이를 무시하는 건 아니다. 이들도 나름 노는데, 헐렁한 추리닝 바지에 운동화를 구겨 싣고 아내 손잡고 동네 한 바퀴 돌아오는 게 전부다. 이들에게 놀이와 취미는 '재충전' 이 아니라 소비다. 사는 게 힘든데 취미에 돈을 쓰는 것을 용납 못한다. 인생 무색무취형이다. 나는 이런 사람들은 ' 놀거지 : 놀 줄 모르는 바보 ' 라고 부른다. 혹시 당신이 이런 스타일이라면 놀이란 소비가 아니라 인생을 위한 재투자임을 알아야 한다.

당신은 어떤 유형인가? 살면서 뭔가를 이룬 이들은 남다른 DNA를 갖고 있다. 바로 노력이라는 DNA다. 인생은 공짜가 아니다. 성공한 인생을 이루려면 수업료를 내야 한다. 그리고 놀이는 움직임을 지불하고 얻는 성공의 발판이자 기쁨이다. 놀거지가 아닌 '놀부(잘 놀 줄 아는 인생부자)'가 되어보자. 이제는 놀부가 성공하는 세상이다.

02
지금 당장 떠나라

가방 크다고 공부 잘하라는 법 없다. 여기서 고백을 하나 하겠다. 놀이 컨설턴트를 자청하는 나 자신은 과연 얼마나 잘 놀고 있을까?

경영 컨설턴트들은 밤낮이 따로 없다. 일이 생기면 밤샘을 해서라도 결과물을 내야 하니 여유 갖는 게 여간 어려운 일이 아니다. 그래서 올해 초에 스스로 좀 과감한(?) 결단을 내렸다. 인생 모드를 바꿔 내 인생에도 취미와 놀이, 그러니까 '유(遊)와 락(樂)'을 넣기로 한 것이다.

첫째는 드럼 배우기, 둘째는 자전거 타고 설악산 다녀오기, 셋째는 음악회 가기, 마지막 넷째는 지식 기부였다. 올해 초 수첩 첫 장에 이 네 항목을 큼직하게 써넣었다. 결과는 어땠을까?

음악회는 서너 번 참석했고, 일산의 한 도서관에서 한 달 동안 지역

주민을 대상으로 지식기부도 했다. 산악자전거 타기는 몇 년 째 하고 있지만 장거리는 가을에 도전하기로 했다.

아직도 못해본 것은 학창 시절 대학가요제에 나가려고 잠시 배웠던 드럼이다. 아직 학원 등록을 못하고 있는데, 등록하고 열심히 해서 실력이 늘면 환갑 때 드럼 독주 연주회를 열 생각이다.

시간이 없다는 고전적 핑계 버리기

쉬고 싶어도 눈치 보여 쉬지 못하는 사람들이 있다. 최근 문제가 되고 있는 유급 휴가 사용 촉진 제도를 보자. 여러 기업들이 연말이 되면, 쓰지 않고 남은 연차를 소진하기 위해 휴가 계획을 제출하라고 한다. 법적으로, 근로자들에게 휴가 계획을 제출하도록 한 뒤 10일 안에 근로자가 휴가 계획을 제출하지 않으면 강제 휴가 계획을 작성해 넘겨주고, 그럼에도 근로자가 휴가를 취소하면 남아있는 연차에 대한 유급휴가 보상비를 주지 않아도 되도록 되어 있기 때문이다. 즉 눈치를 보는 직원이 휴가를 포기하게 되면, 결국 회사는 직원들에게 유급휴가 보상비를 지급할 의무에서 벗어나게 되는 셈이다. 즉 근로자들에게 휴가를 보장하라고 만들어진 제도가 이렇게 종종 유급휴가 보상비를 주지 않으려는 꼼수로 이용되는 것이 우리의 현실이다.

한편 삼성, LG, 포스코, 한전 같은 대기업 직장인들의 가장 큰 이득은 무엇일까? 바로 매직 넘버 130이다. 이는 연간 놀 수 있는 휴일이 130일이라는 것을 의미하는데, 130일이면 1년의 3분의 1이 넘는다. "아니, 정말 그렇게 많이 노나?" 의심이 들 수도 있다. 하지만 사실이다.

우선 주말이 104일이고, 국경일이 대략 16일 정도, 여름휴가가 6일이다. 이것을 합하면 104+16+6=126일이 된다. 여기서 4일이 부족한데 이건 꾀병(?) 등으로 분기에 하루 정도 쉬면 될 일이다. 앞서 말한 '눈치 보여 휴가도 갈 수 없는 사람' 들도 있는 상황에서 "대체 나는 이 130일을 어떻게 보내고 있나?" 한번쯤 미안한 마음으로 생각해볼 때다.

몰입하면 세상은 열린다

한 심리학자가 명상가, 오토바이족, 체스 선수, 조각가, 공장에서 일하는 사람, 발레리나 등 남녀노소 수 천 명에게 "살아가면서 가장 만족을 얻었을 때는 언제입니까?"라는 설문을 실시했다. 그런데 가장 많은 대답이 "무엇인가에 몰입할 때"였다.

필자는 먹고 살기 위해 의무적(?)으로 책을 읽는다. 하지만 서가에 잔뜩 쌓아둔 책들을 보노라면 여간 부담스럽지 않다. 그럴 때 한 권 뽑아들어도 다시 책장에 꽂아버리게 된다. 읽지 못한 다른 책들이 눈에 밟혀서다.

그래서 어느 날 단호한 결단을 내렸다. "한 사람의 일생에 독서는 1백 권이면 차고 넘친다. 두 번 읽고 싶지 않은 책은 잘못 선택한 것이다. 책은 너덜너덜해질 때까지 반복해서 읽어라."라는 말이 새삼 떠올랐다. 그래서 큰마음 먹고 나중에 읽어도 될 책, 굳이 읽을 필요 없는 책을 대규모로 추려서 창고에 박아버렸다.

얼마 뒤 책들을 창고에 박아두었다는 사실조차 기억에서 희미해질 무렵, 놀라운 변화가 일어났다. 책 한 권을 읽어도 더 온전하게 집중이 되고 마음이 편했다. 그 뒤론 '책을 읽어야 하는데…' 하는 부담감과 쓸데없는 책 욕심을 버리게 되었다. 습관적으로 서점에 들르는 일, 신문 서평을 뒤적이는 일도 더 이상 하지 않게 되었다.

영양가 있는 딴 생각, 딴 짓을 찾아라

사람마다 형편이 다르지만, 대부분은 먹고사는 문제에서 자유롭지 못하다. 비단 먹고사는 문제뿐이겠는가. 지키지 못한 약속, 인간으로서의 도리, 이 모두가 큰 걸음을 가로막는다.

이럴 때 조금만 항로를 바꿔 생각해보자. 한 예로 오래도록 지키지 못한 약속 때문에 마음이 무겁다면 현실적으로 판단해보자. 지금까지 못 지켜온 약속이라면, 앞으로도 지킬 가망이 높지 않다. 의리도 도리도 현재 상황에서 못할 만하니 못하는 것이다. 이제는 집중을 흐트러뜨리고 소중한 시간을 빼앗는 심적 갈등을 버려야 한다.

그리스 사상가들은 "사람은 아무 할 일이 없을 때 비로소 자신의 잠재력을 깨닫는다."고 주장했다. 이는 먹고살 걱정이 없거나 그 걱정을 잊어야 철학이든 뭐든 '딴 생각'을 할 수 있다는 의미다. 즉 창의성의 본질은 극단의 부지런함이 아니라, 오늘날 우리 사회가 비난해마지 않는 '게으름'에 기대고 있는 셈이다.

하지만 여기서 말하는 게으름이 무아지경으로 방바닥을 뒹굴거나 TV와 혼연일체가 되는 걸 의미할까? 그렇지 않다. 여기서, 게으른 시간으로 여겨지는 '휴식' 의 뜻을 되짚어보자. 휴식(休息), 휴일(休日), 휴가 (休暇) 등에서 휴(休)는 무엇인가?

이 글자는 사람(人)이 나무(木)에 기대고 있는 형상이다. 말하자면 아무리 바쁘더라도 이때만큼은 나무 아래서 쉬며 육체적·정신적으로 자유로워지라는 의미이다.

즉 노동의 상대 개념으로서의 휴(休)는 놀이를 뜻한다. 기왕 놀이를 할 바엔 신나고 재미있게 몰입하는 것이다. 이런 의미에서 건강하고 창조적인 게으름이란 '딴 생각' 과 또는 ' 딴짓 ' 에 몰입할 수 있는 집중력과 에너지를 뜻하기도 한다.

휴토피아는 행동으로 일구어야 한다

인간에게 공평하게 주어지는 무형의 자원이 있다. 바로 시간이다. 시간은 보관해놓을 수 없고, 한 번 지나가면 돌아오지 않으며, 남에게 팔 수 없고, 아무리 부자도 살 수 없다. 나아가 어떻게 쓰느냐에 따라 그 가치가 달라진다.

자기경영을 한마디로 요약하면 시간관리이며, 시간관리의 첫걸음은 단호함에 있다. 일을 미루지 않는 단호함, 꼭 하지 않아도 되는 일을 하지 않는 단호함 등이다.

세계미래회의 티머시 맥 회장은 "앞으로는 시간이 가장 값지고 희귀한 자원 중 하나가 된다. 미래엔 한정된 시간에 경험해야 할 것이 너무 많아 먹는 것과 보는 것 등 경험한 단위에 투자하는 시간이 점점 짧아진다. 그래서 앞으론 시간이 가장 값진 자원이 되는 시간 부족(Time Famine/시간 기근) 사회가 올 것이다."라고 힘주어 말한 바 있다.

그렇다면 훌륭한 시간관리란 무엇일까? 이는 단순히 시간을 관리하는 데 머무르지 않고 자신의 관심 방향을 바로잡는 일이다. 시간만 관리하는 것을 넘어 자신을 관리하는 일이다. 자신의 핵심 가치에서 벗어나는 일에는 단호하게 " No!"라고 말해 창조적 게으름을 확보하는 일이다.

라디오는 〈AM〉과 〈FM〉 모드가 있다. 시간도 마찬가지로 상황에 따라 모드를 바꾸어 집중력과 단호함, 창조성을 확보해야 한다. 같은 맥락에서 '지루함을 되찾는 법'을 주장했던 제네비브 벨 박사의 조언은 귀 기울여볼 만하다. 그녀는 인간의 뇌는 빠른 정보 처리의 순간보다는 지루함을 느낄 때 새롭고 혁신적인 아이디어를 떠올린다고 말한다. 또한 '지루함'을 되찾으려면 다음의 사항들을 명심하라고 조언했다.

1. 뭔가 늘 생산적이어야 한다는 집착을 버려라.
2. 직장에서 이메일 확인 시간을 정해놓고 그때만 확인하라.
3. 집안에 IT 기기가 없는 공간을 만들어라.
4. 다른 사람들과 함께 아무 일도 하지 않고 빈둥거려라.
5. 인터넷 없이 주말을 보내라.
6. 휴가지로 인터넷이나 통신에서 벗어나는 장소를 택하라.
7. 교회나 절 같은 종교적인 장소를 정기적으로 찾아라.
8. 갑자기 한가해졌을 때, IT 기기로 손을 뻗고 싶은 충동을 자제하라.

아주 아름다운 연못이 있다. 연못 가운데에 큰 바위가 있고, 그 위에서 개구리 7마리가 정답게 개굴개굴 놀고 있었다. 그때 대장 개구리가 연못에 뛰어 들기로 결심했다. 그리고 10여 분이 지났다. 바위 위에는 개구리가 몇 마리 남아 있을까?

정답은 7마리다. 왜냐하면 대장 개구리는 연못 속으로 뛰어 들겠다고 생각만 하고 뛰어들지 않았기 때문이다.

실천하지 않으면 바뀌는 것도 없다. 지금 당장 책상을 박차고 당신만의 休(휴)토피아를 만들어야 한다.

여기서 잠깐 **일생 동안 우리는 무엇을 하고 사는가?**

다음은 우리가 일생에 보내는 시간의 평균 분포도이다. 과연 저 안에 창조적 게으름을 집어넣을 만한 여유와 용기가 있는가? 과연 어떤 방법을 통해 저 시간들을 더 알차게 쓸 수 있을지 고민해본 적이 있는가?

침실(73584만초)------33.3%

직장(31536만초)------14.3%

식탁(27594만초)------12.5%

학교(16817만초)------7.6%

TV(15678만초)-------7.1%

사회교제(9855만초)----4.5%

출퇴근(7974만초)------3.6%

```
기타(33113만초)-------15.4%

----------------------

70세 기준, 평생(220752만 초)
```

딴 짓, 딴 생각을 잘하려면

내게는 철저한 4가지 시간관리 수칙이 있다. 첫째, 받은 만큼 일할 것, 둘째, 시간 쓰레기 종량제를 시행할 것, 셋째, 인맥을 가지치기할 것, 넷째 피로를 관리할 것.

관중규표(管中窺豹)라는 사자성어가 있다. "좁은 관을 통해 표범을 본다."는 뜻으로 "좁은 통을 들여다봐야 표범 무늬밖에 못 보니 전체를 직시하려면 통을 치워야 한다."는 의미다. 시간관리를 잘하려면 일단 편견의 틀을 깨야 한다. 24시간을 꾁꾁 채워 써야 훌륭한 시간관리라는 생각을 버리고, 오른팔을 베어내는 심정으로 일을 줄이고, 왼팔을 베어내는 심정으로 인간관계를 정리해 빈틈을 만들어야 한다.

물론 그리스 사상가들처럼 먹고사는 문제를 완전히 잊기는 어렵다. 하지만 게으름을 피울 수 있는데도 피로와 걱정과 욕심 때문에 일에 구속되었던 시간은 없었는가? 바로 그 시간을 복권해야 한다.

그렇다면 이렇게 시간을 만든다고 모든 게 끝날까? 아니, 오히려 여기부터가 시작이다. "대체 이 남는 시간에 뭘 해야 잘하는 걸까?" 고민이 든다면 지난해 노벨물리학상을 받은 일본의 마스카와 도시히데 교수의 말을 기억해보자.

"요즘은 고등학생이 초등학생보다 '생각하는 힘'이 떨어진다. 젊은이에게 가장 필요한 것은 호기심과 동경이다."

즉 이 시간을 잘 보내려면 호기심을 자극하는 일을 하라. 일명 자유인이라고 불리는 가수 조영남 씨는 이렇게 말한다. "딴짓이라는 게 별것 아니다. 재미있으면 그게 딴짓이다. 나는 머리를 굴렸다. 뭐 재미있으면서도 효과적이고 실용적인 딴짓거리가 없을까?"

실제로 그는 남아도는 시간에는 온갖 딴짓을 해온 딴짓 예찬론자다.

이제는 '아무 것도 하지 않기' 즉 게으름도 낭비가 아니라 자산인 시대다. 중국 속담에 이런 말이 있다. "문은 스승이 열어주지만, 그곳으로 들어가는 것은 당신 자신이다." 말로 밥을 지을 수 없다. Try! Try! Try! 일단 시작해보라!

여기서 잠깐 유(遊) 락(樂) 체크해보기

보통 직장인들의 여가와 놀이에 대한 태도를 놀이에 대한 생각과 행동이라는 관점에서 접근해보면 4가지 스타일로 나뉜다. 다음의 「遊 & 樂 체크리스트」로 테스트를 해보자. 다음 문항을 읽고 '예' 또는 '아니오'로 답하면 된다.

1) 5년, 10년, 15년 단위로 인생 설계도를 갖고 있다. (예, 아니오)

2) 생각을 했으면 바로 행동으로 옮기는 편이다. (예, 아니오)

3) 악기 연주, 조깅, 낚시 등 나만의 취미 활동을 하고 있다. (예, 아니오)

4) 수집 등 뭔가 시작하면 미친 것처럼 몰두하는 편이다. (예, 아니오)

5) TV 드라마, 예능 프로 등을 거의 안 보는 편이다. (예, 아니오)

6) 인생은 살만한 것이라고 생각하며, 주도적으로 사는 편이다.(예, 아니오)

7) 주말이면 가능한 한 가족에게 시간을 내는 편이다. (예, 아니오)

8) 우리 부부만을 위해 떼어 놓은 시간이 있다. (예, 아니오)

9) 일을 싸들고 집에 오지 않는다. (예, 아니오)

10) 월요일이면 재충전한 상태에서 출근을 한다. (예, 아니오)

11) 메모하는 습관을 갖고 있다. (예, 아니오)

12) 고전 등 인문학 관련 서적을 주기적으로 읽는다. (예, 아니오)

13) 취미 활동을 생각하면 내적으로 힘이 솟는다. (예, 아니오)

14) 취미 관련해서 블로그, 미니 홈피 등을 운영하고 있다. (예, 아니오)

15) 정기적으로 시간을 내서 봉사 활동을 한다. (예, 아니오)

16) 자식보다 나 자신이 소중하다고 생각한다. (예, 아니오)

17) 주기적으로 영화를 보거나 음악회 등에 간다. (예, 아니오)

18) 놀 땐 다 잊고 화끈하게 노는 편이다. (예, 아니오)

19) 여건이 되면 평생 꼭 하고 싶은 취미활동이 있다. (예, 아니오)

20) 일주일에 하루 정도는 나만의 시간을 갖고 있다. (예, 아니오)

당신이 '예' 라고 답한 숫자가 ' 20 ~16 ' 이면 주도형. ' 15 ~ 11 ' 이면 들이대형, ' 10 ~ 7 ' 이면 노심초사형, ' 6 ~ 0 ' 이면 방콕형이다.

첫째, 주도형

이들은 매사 주도면밀해서 노는 것도 철저히 계획해 해낸다. 즉, On(일)과 Off(놀이)를 명확하게 구분해 인생에 계획적으로 놀이를 집어넣어 즐긴다. 이들은 놀이에 끌려 다니지 않는다. 놀 땐 열심히 놀고 일할 땐 열정적으로 일하기 때문에 주어진 하루 24시간을 완전 연소한다.

둘째, 표출형

이들은 무원가를 생각하면 앞뒤 가리지 않고 실행에 옮긴다. 이들은 인생은 즐기는 것이라는 생각이 강해서 잘 노는 사람이라고 정평 나 있는 경우가 많다. 문제라면 노는 데 계획이 없다는 점이다. 나아가 놀이가 삶의 중심이다 보니 지출이 크다. 가령 반지하에 살면서도 신혼여행은 해외로 간다. 남을 의식해서 수입에 비해 큰 자가용을 몬다. 이들은 주말이 되면 어김없이 움직이고 마시고, 휴가철이 되면 전국일주를 한다.

셋째, 노심초사형

이들은 매사 심사숙고한다. 생각은 많으나 맘 편히 놀지 못하며, 계획만 거창하다. 세계일주 여행, 성지순례, 마라톤 참가 등 마스터플랜은 많지만, 일상의 놀이 아이템은 없다. 늘 짜증을 내고 불만이 많다. 특히 자신이 놀지 못하는 것을 가족 탓이나 주변 탓으로 돌린다.

넷째, 방콕형

이들은 대개 주말이면 방에만 있다. 이들에게 취미 활동은 남의 이야기다. 이런 남편을 둔 부인은 주말이 돼도 삼시 세끼를 차려주어야 한다. 이들은 애시당초 돌아다니거나 움직이는 것을 싫어하고 유일한 취미는 TV 보기와 방바닥에 X - 레이 찍기다. 이들에게 '인생은 즐기는 것이다.' 라는 생각은 오히려 부담이다.

03
인생의 근저당을 풀어라

1960년 로마 올림픽 마라톤 금메달을 차지한 에티오피아의 아베베 선수 이야기다. 그는 당시 세계신기록을 3분이나 앞당겼는데, 이처럼 훌륭한 기록을 낼 수 있었던 이유에 대해 다음과 같이 말했다.

"저는 다른 선수가 저을 추월해도 늘 일정한 속도로 달리는 새로운 방법을 훈련했습니다. 이번의 금메달은 그 덕분입니다."

많은 사람들이 인생을 마라톤과 비교한다. 이 지점에서 우리는 아베베 선수의 말을 기억할 필요가 있다. 마라톤 경기를 보라. 많은 선수들이 달리지만 모든 선수가 주전은 아니다. 같은 편 선수의 속도를 조절해주거나 상대방 선수의 기운을 빼서 자기 편 선수의 승리를 가져오는 페이스메이커도 끼여 있다.

이때 페이스메이커의 악의적인 '오버'에 넘어가 무리하는 마라토너는 후반부에 뒤처지게 된다. 비록 조금 느리더라도 자기 페이스대로 뛰어야 결승점의 스퍼트가 가능한 것이다.

느림보 게으름뱅이가 되어라

미국 한 가구회사가 흔들의자 · 침대 · 맥주 냉장고 · TV 리모콘 · 전화를 결합시킨 의자를 내놓아 놀라운 판매고를 올린 적이 있었다. 이 의자의 이름은 일명 '느림보 게으름뱅이 의자'였는데, 바쁜 미국인들에게 즐거움을 선사해주기에 부족함이 없었다.

느리게 살면 인생이 보인다는 말에 고개를 갸웃하는 사람도 있을 것이다. 주변을 둘러보자. 나보다 잘나가는 동료, 나를 추월한 후배, 카리스마가 넘치는 상사 등이 차고 넘친다. 이들과 부대끼다 보면 때로는 동기부여도 되고 승부욕이 솟기도 한다. 하지만 서로의 처지를 비교하는 시선이 지나치면 정서가 고갈되고 체력마저 탕진하기 십상이다. 나에게 걸맞은 페이스를 잃기 때문이다.

한 가지를 기억하자. 인생은 단거리 경주가 아니다. 아베베 선수처럼 남을 의식하지 않고, 자기 페이스를 지키면서 쉴 때와 일할 때를 구분해서 꾸준하게 달리는 사람이 결국은 최후의 승자가 된다. 즉 느리게 산다는 것은 결국 자신의 페이스를 잃지 않는 일이다.

자신과의 약속으로 여유를 만들어라

1990년대 요구르트 광고에 나오는 불가리아 장수촌 노인들을 기억하는가? 그들은 요즘 어떻게 살고 있을까?

놀랍게도 이제 불가리에는 더 이상 장수 노인이 없다. 사회주의 체제가 무너지고 자본주의 시장원리가 도입되면서 사회주의 체제가 경쟁 체제로 변화하자 이를 견뎌내지 못한 셈이다.

그렇다면 자본주의 하의 현대인들은 어째서 바쁘게 살아갈까? 까닭은 단순하다. '언제까지 마치거나 처리해야 한다.'는 약속에 쫓기기 때문이다.

하지만 여기서 짚어봐야 할 부분이 있다. 이 약속은 어디까지나 타인들과의 약속이라는 점이다. 반대로 이 약속을 자신과 맺은 사람은 다르다. 이런 이들은 우선순위를 정하고 적절한 시한을 정해 시간을 계획적으로 사용하게 된다.

전자회사를 다니다가 퇴사한 뒤 식당을 운영하는 L씨의 이야기다. L씨는 대기업 연수원 교육 담당자였는데 얼마나 바빴던지 별명이 '바쁘다'였다. 그랬던 L씨가 어느 날 갑자기 회사를 그만 두고 식당을 냈다. 그런데 놀랍게도 새벽 장보기부터 시작해서 전보다 훨씬 더 빡빡한 일정인데도 L씨는 하나도 바쁘지 않다고 느꼈다. 타인과의 약속 시간에 쫓겨 속 태울 일이 없어졌기 때문이다.

다시 말해 일을 할 때 중요한 것은 '누가 일의 주도권을 쥐는가'다. 느리고 여유로운 삶이란 결국 삶의 주도권을 쥐는 일인 것이다.

삶의 주도권을 회복하는 3가지 전략

하지만 삶의 주도권을 되찾는 일에도 전략이 필요하다. 인생의 근저당 설정부터 풀어야 한다.

노예는 인생 전부를 주인에게 저당 잡힌 채 살아간다. 마찬가지로 우리도 인생 일부를 타인에게 저당 잡혀 있다. 부모는 자식에게 저당 잡히고, 부하 직원은 상사나 회사에 저당 잡힌다. 자, 지금부터 인생의 근저당을 푸는 방법을 찾아보자.

첫째, 주변을 풀어라

근저당 설정을 푸는 일은 당연히 주변에서부터 시작된다. 대외적 관계도 물론이지민 사랑, 미웁, 원한, 동정, 저주, 두려움 같은 내 안의 감정도 잘 맺어야 한다. 물론 감정이 마음대로 되는 건 아니지만 내 인생의 주인이 뇌고 싶다면 빈드시 헤아 힌디.

둘째, 미래를 풀어라

인간은 미래에 대해 복합적인 감정을 느낀다. 높은 기대와 두려움, 막막함 등이 그것이다. 이때 '반드시 노벨상을 타겠다.' 등처럼 너무 지나치게 높은 목표를 잡은 사람은 현재를 미래에 저당 잡히게 된다.

진정으로 행복한 사람은 자신의 능력과 동시에 한계를 안다. 그렇지 못한 사람은 지쳐 쓰러질 때까지 '너는 할 수 있어.'라는 미래의 유혹에 속아 넘어간다. 세상엔 되는 일보다 안 되는 일이 훨씬 많으니, 안 되는 것이 정상이라고 생각해야 한다.

셋째, 약속을 풀어라

무리한 약속들을 풀어내려면 우선 약속을 남발하지 않아야 한다. 약속을 남발하는 것은 자기 인생 일부를 포기하겠다는 각서를 남발하는 것과 다름없다. 가장 훌륭한 인생은 'No!'라고 말할 수 있는 인생이다. 예스맨은 타인과 자기 인생을 망치기 십상이다. 'No!'라고 말할 수 있는 사람만이 자기 인생의 주도권을 쥐게 된다.

갈 곳을 알고 노를 저어라

'황포 돛대 이론'이라는 것이 있다. "어디로 가는 배일지 모를 때는 절대로 노를 젓지 말아야 한다."는 이론이다. 즉 어디로 가는지 모를 때는 만사를 제쳐두고, 어디로 갈까만 생각하라는 뜻이다.

배가 어느 항구로 가는지 모른다면 어떻게 항로를 정할 수 있겠는가? 우선 열심히 하다 보면 좋은 일이 있겠지 무책임하게 굴다가는 항구로부터 멀어지기 십상이다. 인간은 누구나 남보다 앞서 가기를 원한다. 그러나 방향 없는 속도는 무용지물이다. 성공은 결국 '속도'가 아니라 '방향' 문제이기 때문이다.

오지 탐험가 한비야 씨는 이렇게 말했다.

"아프리카의 킬리만자로, 파키스탄의 낭가 파르바트, 네팔의 에베레스트를 오를 때 공통적으로 깨달은 것이 있다. 정상까지 오르려면 반드시 자기 속도로 가야 한다는 것이다. 이게 느리고 답답해 보여도 정상으로 가는 유일한 방법이다. 자기 속도로 가기만 하면 되는데 그렇게 한 발짝 한 발짝 부단히 올라가면 정상에 오를 수 있는데 쓸데없이 남과 비교하면서 체력과 시간을 낭비하느라 꼭대기에 오르지 못한다."

남을 의식하지 않고, 자기 페이스를 지키면서 꾸준하게 달리는 사람이 성공한 인생을 만들어간다.

내 인생은 나의 것이다. 즉 인생의 성공이란 삶의 다양한 근저당을 풀고 자신만의 페이스를 잘 유지하는 일일 것이다.

6개의 인생 바퀴를 점검하라

언젠가 최고경영자 과정에 참가한 한 경영자에게 "당신은 정말 성공하셨습니까?"라고 물은 적이 있다. 하지만 그는 놀랍게도 "글쎄요."라고 답했다. 그는 누가 봐도 성공한 경영자였기 때문에 다들 놀란 눈치였다.

하지만 실제로 이런 질문을 던져보면 대부분의 성공한 경영자들이 이렇게 답한다. 비즈니스맨으로는 만족할 만한 성공을 거두었으나, 대신 큰 희생이 따랐다고 말이다. 특히 그 희생이란 주로 건강, 가족, 특히 부인과의 문제 등과 관련된 것이었다.

성공학자 폴 J. 마이어는 인간의 삶을 하나의 수레바퀴와 비교한다. 그가 말하는 삶의 수레바퀴에는 '직업/재정', '신체/건강', '가족, 가정', '지성/교육', '정신/윤리', '사회/문화'의 6개 바큇살이 있어서, 이것들이 잘 어울려야 건강한 삶을 지탱해 나갈 수 있다고 전제한다.

이 6개 분야에 대한 각각의 만족도를 그린 결과가 수레바퀴처럼 둥근 모양이어야 삶이 유연하게 굴러간다는 것이다.

반면 어느 한 분야의 점수만 너무 높거나 낮으면 그 삶은 유연한 원을 그리지 못하고 덜컹거리게 될 것이다. 이는 어느 한 분야에만 지나치게 몰두하고 있기 때문이다.

누구나 균형 잡힌 삶을 갈망한다. 진정 성공하고 싶은가? 행복해지고 싶은가? 그렇다면 현재의 궤도를 벗어나 내 궤도를 살펴야 한다. 일에 얽매여온 지난 삶과 전혀 다른 무엇인가를 해야 한다. 잘못된 궤도를 바로잡는 일은 오로지 당신만이 해나갈 수 있는 의무이자 권리임을 기억해야 한다.

여기서 잠깐 | 인생살이의 3대 로드맵

인생을 살아가는 로드맵은 크게 3가지 유형이 있다. 계단 형, 에스컬레이터 형, 엘리베이터 형이다. 이 세 가지 중 가장 좋은 것은 엘리베이터 형일지도 모른다. 가장 빠르게 오르기 때문이다. 하지만 엘리베이터 형은 빠르게 올라간 만큼 빠르게 내려오기 때문에 성공과 실패를 되돌아 볼 겨를이 없다.

이에 반해 계단 형은 오를 때는 느리고 힘들지만 내려 올 땐 오히려 느림이 주는 반전효과를 볼 수 있다.

인생에서 틈을 만들어 노는 일은 계단을 오르는 것처럼 느리고 더디게, 본질을 들여다 볼 특권을 갖는 일이다. 느리다고 결코 느린 것이 아님을 기억하자.

호모 루덴스가 되어라

　세계적인 심리학자 칙센트미하이 교수는 자신의 책『몰입의 즐거움』에서 " 미국의 억만장자는 평균소득을 가진 사람보다 아주 조금 더 행복할 뿐이다."고 주장한 바 있다. 1960년에 비해 1990년대 미국인의 실질소득은 두 배 이상 늘었지만 무척 행복하다고 말하는 사람의 비율은 여전히 30% 수준에서 제자리걸음을 하고 있다는 것이다.

　칙센트미하이 교수는 " 빈곤의 경계를 넘어서고 나면 재산이 늘어난다 하더라도 그것이 행복으로 직결되지는 않는다."고 결론짓는 동시에 "스스로 삶을 선택하고 거기에 몰입함으로써 현실을 바꿀 수 있는 가능성은 열려 있다."고 말한다. 자본주의사회의 부와 성공과 명예에 현혹되지 않고 스스로 선택한 삶에 스스로 만족하라는 뜻이다.

　심지어 창조적인 기업문화로 유명한 세계 최대 인터넷 검색엔진 '구글(Google)'의 CEO 에릭 슈미트도 삶의 가치를 부나 사회적 성공에 두지 않는다. 그는 미국 펜실베이니아 대학 졸업식에 참석해 축사를 하면서 졸업생 6천 여 명에게 이렇게 말했다.

　"컴퓨터도 끄고 휴대폰도 꺼라. 주위의 인간적인 것들을 발견하라. 손자가 첫 걸음을 뗄 때 할아버지가 그 아이의 손을 잡아주는 것은 그 어떤 것도 대신할 수 없다."

　최근 산업사회의 호모파베르(Homo Faber, 공작인)가 여가사회의 호모 루덴스(Homo Ludens, 유희인)로 진화하고 있다. 우리의 생존 코드가 '일을 위한 여가'에서 '여가를 위한 일'로 전환되고 있는 것이다. 이는

'놀이하는 인간'이라는 인간성의 본질을 회복할 수 있는 기회가 찾아왔음을 의미한다.

하지만 디지털 시대의 삶은 결코 만만하지 않다. 대개의 직장인들은 자기 삶에 끌려 다닌다. 심지어 놀라고 준 휴가철에도 마찬가지다. 휴가가 다가오면 묘안 찾기에 바쁘면서도 생각처럼 놀지도 쉬지도 못한다. 그렇다면 휴가조차도 마음껏 누리지 못하는 조급함과 불안은 대체 어디서 기인하는 것일까?

사고의 중심축을 이동시켜라

인간은 놀이의 동물이다. 진정한 행복은 일과 놀이가 하나가 되는, 쉽게 말해 일이 놀이가 되고 놀이가 일이 되는 삶에 있다.

서울대 의대 K 교수는 일을 하고 남은 시산에 휴식을 취한다는 것부터가 잘못됐다고 말한다. "휴식도 업무처럼 적극적인 계획이 필요하다."는 것이다. 그렇다면 적극적인 놀이는 어떻게 성취되는가?

가장 먼저 사고의 중심축을 '일'에서 '놀이'로 과감히 옮겨야 한다. 숫자 '8'은 거꾸로 놓아도 '8'이고, 제대로 돌려놓아도 '8'이다. 사람들이 인생을 팔(8)자'라고 생각하는 것과 비슷하다. 하지만 이 '8'을 옆으로 뉘어보면 어떤가? '∞', 무한대가 보인다.

이것이 발상의 전환이 주는 힘이다. 발상의 전환은 인생관을 바꾸고, 불행을 행복으로 뒤집어 놓는다. 균형 잡힌 삶은 어떻게 잘 노느냐에 달려 있다고 믿는 발상의 전환에서 시작된다. 심지어 워커홀릭으로 알려진 자동차 왕 헨리 포드조차도 "일만 하고 쉴 줄 모르는 사람은 브레이크 터진 자동차만큼 위험하다."고 말했으니 쉬더라도 제대로 쉬고, 노는 방법을 잘 배우는 것이 중요하다.

어느 지인한테 들은 이야기다. 어느 아파트에서 나이 든 주부들이 반상회를 열었다. 주위에 어려운 이웃을 돕기 위해 바자회를 열기로 한 것이다. 모인 자리에서 주부들은 이렇게 결정했다.

"좋아요. 집에 있어도 그만이고, 없어도 그만인 물건을 하나씩 챙겨들고 저녁에 다시 모이기로 하죠."

그날 밤 이 주부들은 무엇을 챙겨왔을까? 그날 주부들이 "집에 있어도 쓸모없는 물건"이라고 데려온 것은 다름 아닌 남편들이었다.

언뜻 우스개처럼 들리지만 우리 삶은 여기서 얼마나 다른가? 한번 자문해볼 일이다.

04
인생도 튜닝이 필요하다

바쁘게 살아가는 사람들은 한 가지 리스크에 침몰되기 쉽다. 자신의 사각지대가 어디인지, 자신의 도끼 자루가 어떻게 썩어가고 있는지 모른다는 것이다. 이런 리스크를 해결하려면 휴식을 통한 일보후퇴 전략을 이용해야 한다. 특히 주변에서 "잘나간다"는 이야기를 듣는 이들은 절대적으로 이 장을 집중해서 읽어야 한다.

가수 송창식 씨는 수십 년째 이상한 습관을 가지고 있다. 연주하기 전 40분 동안 기타를 튜닝하는 것이다. '기타의 신'이라고 해도 모자람 없을 고수가 기본적인 코드를 40분 동안 잡고 있으니 주변에서는 입을 떡 벌린다. 그래서 그 이유를 물으니 답은 간단했다. 이 튜닝 과정이 없으면 무대에서 멋진 연주가 나오지 않는다는 것이다.

평범한 사람들도 마찬가지로 삶을 튜닝할 줄 알아야 한다. 인생 튜닝이란 쉽게 말해 진정한 자신을 찾아가는 작업이다. 그렇다고 어렵지만은 않다. 혼자 있는 시간이나 장소에서 곰곰이 삶을 되짚어가는 습관을 들이면 된다.

인생 튜닝 10계명

그렇다면 인생 튜닝은 어떻게 해야 할까? 송창식 씨처럼 항상 튜닝에 신경을 쓸 수 있으면 좋겠지만 대부분은 그럴 만한 여유가 없다. 자, 지금부터 내가 만들어본 인생 튜닝 10, '인튜 10'을 시도해보자. 예비의사들이 전문의가 되려면 인턴 과정을 밟아야 한다. 비슷하게 인튜 10은 인생의 선분가가 되기 위한 과정이다. 하지만 우선 우리 인생의 흐름을 생각해볼 필요가 있다. 우리 인생은 총 다음의 4단계로 진행된다.

1단계 : 순수성(0~25세)
흥분과 열정으로 미래를 설계하는 순수한 참모습의 시기
2단계 : 활동성(25~50세)
인생의 세파를 헤쳐 나가면서 남보다 앞서 갈 수 있는 재능과 기술을 찾는 시기
3단계 : 홍보성(50~75세)
자신을 알리고 그간 축적된 모든 역량을 사회에 기여하고 봉사하는 시기
4단계 : 예측성(75~100세)

자신의 업적을 후손들에게 나누어줄 수 있도록 정신의 힘을 기르는 시기

이 같은 4단계를 가장 건설적으로 지나가려면 바로 자신의 인생을 갈고닦는 튜닝이 무엇보다 중요하다. 그렇다면 이 튜닝 10계명은 어떻게 이루어질까?

첫째, 사(思)다.

여기서 '사'란 지금 나를 지배하고 있는 생각이 무엇인가를 찾는 작업이다. 눈을 감고 10분 동안 명상해 보자. 아무리 비우고 멈추려 해도, 움직이고 다시 돌아가는 생각이 있을 것이다. 돈이건 아파트건 자동차건 가족이건, 지금 나를 사로잡고 있는 생각이 무엇인지를 찾아내야 한다.

둘째, 원(願)이다.

여기서 원이란 가장 하고 싶은 것을 뜻한다. 부자가 되고 싶다, 좋은 집을 갖고 싶다, 세계 일주를 하고 싶다 같은 강한 애착과 소망을 품은 것을 찾는 작업이다. 아마 이것만 명확히 발견해도 행복이 충만할 것이다.

셋째, 애(愛)다.

이것은 세상에서 가장 사랑하는 사람이 누구인가를 찾는 작업이다. 누구인지를 진솔하게 자문하라. 이 작업을 하다보면 오히려 생각지도 못했던 이를 사랑하고 있다는 것을 깨닫게 될 수 있다.

넷째, 오(惡)다.

이는 세상에서 가장 싫은 사람을 알아내는 작업이다. 마음 한 가운데 꺼지지 않는 누군가에 대한 증오를 용서하고 내려놓아야 한다. 증오 또한 일종의 근저당이다.

다섯째, 경(警)이다.

여기서 경은 내가 세상에서 가장 끔찍하게 생각하는 상황이 무엇인지를 아는 작업, 두려움을 아는 작업이다. 대개의 두려움은 실제로 존재하는 것이 아니라 스스로 만들어낸다. 따라서 생각을 바로 잡아 자신감을 되살려야 한다.

여섯째, 밀(密)이다.

이것은 남에게 알리고 싶지 않은 비밀을 생각해보는 것이다. 누구나 인생을 살면서 한두 가지 비밀을 껴안고 산다. 이것을 깨낼으면 나 자신의 모습이 보일 수 있다. 언젠가는 이조차도 세상에 드러낼 수 있어야 진정으로 행복해질 수 있다.

일곱째, 경(慶)이다.

경은 "나는 무엇을 할 때 가장 기쁜가?"를 살펴보는 작업이다. 또한 이것은 자신의 본질을 알아가는 가장 소중한 작업이기도 하다. 만약 이것이 없다면 행복한 인생과 다소 떨어져 있다고 볼 수 있다. 그러나 이 경은 누구에게나 있는 만큼 찬찬히 돌이키면 반드시 찾을 수 있다.

여덟째, 고(苦)이다.

지금껏 살아오며 가장 힘들었던 순간을 돌이키는 것이다. 당시에는 참을 수 없을 정도로 큰 고통이었지만 지금은 인생의 자양분이 된 기억을 찾는 일이다. 분명히 이 고통이 없었다면 지금의 당신도 없었을 것이다. 고통지수가 높다면 오히려 자랑스러워하라.

아홉째, 망(望)이다.

이것은 "10년 뒤, 또는 20년 뒤 어떤 사람이 되고 싶은가?" 하는 질문에 응해서 그 그림을 그리는 일다. 삶은 청사진이 없으면 척박해진다. 행복한 삶이란 미래지향적인 것이기 때문이다.

열째, 사(師)다.

사는 내 인생의 멘토, 내 마음의 영웅을 찾아내는 작업이다. 현실 속 인물이건, 역사 속 또는 영화 속 인물이건 상관없다, 당신이 닮고 따라가고 싶은 스승을 찾는 일이다. 멘토가 있는 사람과 없는 사람의 인생은 큰 차이가 있다.

조각조각 복기해보는 시간도 필요하다

인간문화재인 한 벼루옥장 이야기다. 누구나 그렇겠지만 이 옥장에게도 하늘같은 스승이 있었다. 또한 그가 분야의 정상에 오르게 된 데는 스승의 독특한 가르침이 크게 작용했다.

당시 옥장은 스승에게 칭찬 받을 욕심에 작품을 게을리 하지 않았다. 그런데 스승은 옥장이 수개월간 정성을 다해 만든 작품을 내놓으면 10초도 안 돼 한쪽으로 밀어치우기가 일쑤였다. 심지어 무엇이 잘못이고 이것은 이렇게 했으면 좋겠다는 일언반구도 없었다.

이런 스승의 모습에 이 옥장은 어떻게 하면 스승의 눈높이에 맞출 수 있을까를 고민했다. 그래서 그가 택한 방법은 퇴짜 맞은 작품을 가지고 뒤를 되짚어보는 '복기'였다. 자신이 그간 어떻게 작업 했는지, 그래서 어떤 결과가 나왔는지, 실패의 요인은 무엇인지, 어떻게 하면 더 괜찮은 작품을 만들 수 있을지를 한 걸음 한 걸음 되짚어본 것이다. 또한 이 옥장은 비록 힘든 작업이었으나 바로 이 과정이 오늘날 자신을 성공으로 이끌어 주었다고 말한다.

인생 쉼표 찍기

간단한 주관식 문제를 하나 내겠다. 100 ~ 1의 답은 무엇일까? 아마 거의 모두가 99라고 답할 것이다. 물론 수학문제로서는 그렇다.

그러나 인생문제로서 이 문제는 또 다르다. 인생문제에서 100 ~ 1은 0, 즉 꽝이다. 이는 깨진 유리창 법칙이 적용되기 때문이다. 산수문제에서는 8개 틀려도 92점이 되지만 인생문제에서는 하나만 틀려도 말짱 황이 된다. 그렇다면 여기서의 -1은 무엇일까? 이것은 건강이 될 수도 있고, 가족이 될 수도 있으며, 사람마다 다르게 적용된다.

人生(인생)이라는 단어를 보자. 이것을 쪼개보면 人(인) + 牛(우) +一

(일) 이 된다. 즉 사람이 소처럼 우직하게 정해놓은 목표를 향해 차근차근 길을 가야 한다는 뜻이다. 이렇게 우직하게 가려면 어떻게 해야 할까? 멀리 내다보고 가야한다. 그러자면 적당한 휴식을 취해야 한다. 즉 쉴 때 쉴 수 있도록 '인생의 쉼표'를 그려 넣어야 한다. 그렇지 못하면 100-1이 '99'가 아니라 '0'이 되고 만다.

올해는 필자가 직장생활을 마감하고 소위 1인기업을 만들어 성공학 강사가 된 지 10년째 되는 해다. 당시로서는 불모지나 다름없었던 성공학 분야에서 나름대로 브랜드를 구축해 지금은 1년에 500여 회 강의와 방송활동을 한다. 연간 500회 강의와 방송활동을 하려면 하루 2개꼴로 강의를 소화해야 하는데, 사실 여간 힘든 일이 아니다. 더욱이 말만 그럴듯한 '1인기업'이지 사장, 경리, 영업, 홍보 등 모든 업무를 혼자 다 해야 하므로 말 못할 고충도 적지 않다.

그리고 이런 생활을 10년간 해오면서 얻은 만큼 잃은 것도 만만치 않다. 바쁜 일정에 시달리면 가장 챙기기 힘든 것이 '건강과 가족'이다. 이는 곧 기회비용의 손실이다.

하루는 내가 어째서 이 중요한 기회비용을 잃었는지를 곰곰이 따져보았고, 그 결과 인생 쉼표를 제때 못 찍은 탓이라는 생각이 들었다. 인생이라는 오선지 공책을 너무 빽빽하게 채우느라 적당한 쉼표를 찍지 못하니 연주할 때 연신 숨이 차고 더러는 무력해지는 것이다.

그래서 올해는 작정하고 '쉼표 제때 찍기'라는 철칙을 세워보았다. 앞서 프로 바둑기사는 대국에서 가능한 한 실패를 줄이기 위해 복기를 했다. 마찬가지로 인생도 1주일 단위로 꼼꼼히 되집어 보면 잘잘못이 드러나게 마련이다. 이를 통해 삶의 균형을 따져보고, 행여 실패 요인이 드러나면 미리 분석해 미래의 성공 자산으로 만들어가는 일이 필요하다.

주식투자를 보자. 본전만 생각하다가 손절매를 제때 못해 큰 손실을 입는 사람들이 얼마나 많은가? 반면 전문가들은 투자를 잘못했을 경우, 손해를 감수하고라도 과감한 매도를 시도해 주식을 현금화시킨다.

마찬가지로 한 주에 쉼표를 그려 넣는 인생의 복기는 인생의 손절매 작업이다. 자를 건 잘라내고 그 자리에 새로운 습관을 덧붙여야 한다.

복기노트를 만들어라

인생복기를 쉽게 하려면 복기노트를 만드는 것이 좋다. 일단 노트 한 권을 구해서 표지에 '자가용' 세 글자를 큼직하게 적혀보자.

이것은 한자로 하면 '自家用', 영어로는 ' Self(자신), Home(가정), Work(일)' 이다.

나는 이 노트로 하는 인생복기를 '자가용 칠(7)하기' 라고 부른다. 1주일을 자신, 가족, 일로 나눈 다음 분야별로 한 주 동안의 성취를 빨주노초파남보, 7가지 색으로 칠하는 것이다. 가령 어떤 부분에 소홀했다면 빨간색을, 좀 더 낫다면 주황이나 노랑이나 초록을, 상황이 더 잘 진행됐다면 파란색이나 남색, 보라색을 칠한다. 한 주 내내 색상이 동일하다면 좋겠지만 이것이 무지개 색처럼 들쑥날쑥하다면 쉼표를 찍고 인생복기를 시도해야 한다.

이 작업을 나는 'R&D' 작업이라고 부르는데, 이는 Review와 Design을 합친 말로서 되돌아보고 재구성한다는 뜻이다. 지금부터 '자가용 칠(7)하기'로 자가용을 만들어보자.

첫째, 자(自)이다.

가장 중요한 건 인생이라는 자가용을 운전하는 당신 자신(自身)이다. 인생의 우선순위에는 반드시 자신을 놓아야 한다. 그리고 이 '나'를 위한 시간을 1주일에 하루배분하, 이 시간에는 누구도 내 인생에 태클을 걸지 않도록 방화벽을 쳐야 한다.

즉 일주일에 하루는 놀아도 되고, 취미 활동도 좋고, 무엇이건 당신만을 위한 시간을 만들어야 한다. 이것은 방전된 배터리를 재충전하는 소중한 시간이다. 아무리 바빠도 이 시간을 통해 인생을 위한 허리를 살찌워야 한다.

둘째, 가(家)이다.

자신 다음으로 중요한 것이 가정이다. 가정은 성공한 인생을 위한 베이스 캠프와 같다. 따라서 일주일에 또 하루를 가정을 위해 떼어놓아라. 내가 아는 한 직장인은 매주 수요일을 '가정의 날'로 정하고 무슨일이 있어도 가족과 보낸다. 우리 모두가 소망하는 'Sweet Home'은 'Sweat Home'을 통해서 이루어진다. 땀(Sweat)흘리지 않고서는 행복(Sweet)도 얻어지지 않는다.

셋째, 용(用)이다.

용이란 하는 일을 뜻한다. 대부분은 일주일 중에 가장 많은 시간인 5일을 여기에 쓴다. 중요한 건 일주일에 자신과 가족을 위한 이틀을 확보하려면 이 5일을 제대로 소화해야 한다는 점이다. 그러자면 5일간은 용(用)에 몰입해야 한다. 그렇다면 당신은 얼마나 잘 몰입하는가? 세계적인 한 컨설팅 기업이 한국, 미국, 영국, 중국, 일본 등 22개국의 2만여 직장인을 대상으로 '직원 몰입도(employee engagement)'를 조사한 적이 있다. 이 결과에 따르면 우리나라 직장인의 업무 몰입도 비율은 6%로서, 전 세계 평균인 21%에 현저히 못 미쳤다.

특히 우리나라 직장인 중 48%는 하는 일에 그다지 몰입하지 않거나 마지못해 회사에 다니는 것으로 나타났다.

물론 인생에서 일이 최우선은 아니다. 하지만 그렇다고 일주일에서 5일을 차지하는 일을 무시하기는 어렵다. 일은 당신과 가정의 밥이자 약이자 꿈이기 때문이다.

거꾸로 살아라

이름 하여 빈칸 메우기 게임을 하나 해보겠다. '□ilk'에서 빈 □칸에 영어 알파벳 하나를 넣어 새로운 단어를 만들어보자. 이 게임은 심리학자들이 사용하는 게임인데, 신기하게도 두 가지 답안이 많이 나온다. 점심시간 직전에 해보면 〈M〉자를 넣어 〈Milk〉라는 단어를 만들어내는 사람이 많고, 반대로 식사를 하고 난 뒤라 배가 부를 때는 〈S〉자를 넣어 〈Silk〉라는 단어를 만드는 사람이 많다고 한다.

인생도 마찬가지다. 상황과 관점에 따라 만족도가 달라진다. 행복한 인생을 살려면 끊임없는 상황 바꾸기 스파링을 통해 스스로를 단단하게 만들어야 한다. 이른바 '거꾸로 살아보기'다.

공기업에 다니는 K씨는 주말이 되면 삶의 모드를 바꾼다. 반듯한 정장에 세련된 넥타이 대신 허름한 농부 복장으로 금요일 저녁을 맞이한다. K씨가 이런 복장을 차려입는 것은 '백두대간 종주' 미션을 위해서다. 그는 과로로 얻은 당뇨와 고혈압 때문에 산을 타기 시작했고, 이제는 이 일이 제2의 삶이 되었다. 그는 주말을 이용해 우리나라 백두대간 100곳의 정상에 올라 백두대간 100을 달성했다.

신도시 일산에 사는 기업인 P씨는 골프에 입문한 지 20년이다. 주말마다 필드에 서던 그가 최근에 주말 사용법을 새롭게 바꾸었다. 일산 정발산 자락 작은 텃밭에 야생화를 이식하면서 골프채 대신 호미를 잡기 시작했다. 야생화 기르기는 손이 많이 가는 터라 주말에는 야생화와 더불어 살고, 그의 텃밭에는 무려 170여 종에 달하는 화초들이 소담스럽게 자라고 있다.

여기서 잠깐 **거꾸로 살아 행복한 사람들, 앙코르 내 인생**

경기도 남양주에서 애견 사업을 하는 K씨는 매일 유언장을 쓰기 시작했다. 다른 사람들은 일기를 쓰지만 그는 유언장을 쓰면서 하루하루를 마지막처럼 소중하게

살아간다. 덕분에 그는 삶의 소중함을 절실히 깨닫고 가족과 이웃에게도 너그러워
졌다고 한다.

여름휴가 때 남들처럼 바다가 아닌 구립도서관에 가족 캠프를 치는 공무원 K씨
도 마찬가지로 거꾸로 인생 예찬자다. 남들이 바다로 가서 북적대는 시간을 보낼
때, 그는 도서관 근처의 작은 호텔에 묵으며 가족과 함께 책을 읽는다.

심지어 손재주가 뛰어난 외과의사로서 진공관 오디오를 조립해서 부수입을 올
리는 K씨도 있다. 그는 이 방면에서 알아주는 실력자로, 주말이면 작업실에 틀어
박혀 진공관 오디오를 조립해 웬만한 월급쟁이보다 나은 부수입을 올린다.

어떤가, 여러분에게는 어떤 거꾸로 살기가 걸맞을지 궁금하지 않은
가? 주변을 둘러보고 현명한 뒷걸음질을 칠 수 있는 좋은 기회를 마련
해보자.

05
주 5일제는 제 4의 혁명이다

주 5일제가 확대 시행된 지 언 수년이다. 그럼에도 주말에 뭘 할지 어리둥절한 직장인들이 적지 않은 것 같다.

6년 전에 『주말 104일의 혁명』이라는 책을 출간한 적이 있었다. 그리고 여기에는 계기가 하나 있었다. 당시 우리나라는 주 5일제 근무를 막 도입한 무렵이었는데, 강의장에서 만난 한 대기업 간부와 식사하던 중에 이런 물음을 던지게 되었다.

"김 차장님은 주말에 뭘 하세요?"

그러자 그는 이렇게 답했다.

"세차하지요."

"아니, 그 좋은 시간에 세차를요?" 했더니 "애들은 학원 가고, 딱히 할 일도 없어서요."라며 말끝을 흐렸다. 그때 '우리나라 직장인들, 정말 놀 줄 모르는구나!' 하는 생각이 들었다.

금요일 오후에서 일요일까지는 금쪽보다 귀한 시간이다. 그뿐인가. 일주일 중의 $2\frac{1}{2}$ 일이나 되고, 이것을 백분율로 하면 일주일의 35.7%나 된다. 이 시간을 세차나 하면서 흘려보내기엔 너무 아깝지 않은가.

주말혁명에 나서라

대개의 직장인은 주말을 '노동을 위한 여가'라고 생각한다. 하지만 이제 주말을 일에 종속된 시간이 아니라, '놀이'라는 새로운 삶의 양식을 위한 '창조적이고 주도적인 시간'으로 생각해야 한다. 단적으로 주말 $2\frac{1}{2}$과 주중 $4\frac{1}{2}$을 별개로 갈라놓고, $2\frac{1}{2}$에는 일을 위한 $4\frac{1}{2}$과는 전혀 다른 삶을 살아야 한다. 특히 반복적인 업무와 경직된 일상에 사로잡힌 직장인일수록 주중과 주말을 철저히 분리해 주말이면 "사람이 180도 달라진다."는 말을 들을 정도로 철저한 이중생활을 해야 한다.

실제로 주말에도 일에 매인다는 건 평생직장이라는 폐기된 추억에서 헤어나지 못했다는 증거에 다름 아니다. 이럴 때는 한 가지를 기억하자. 당신이 얼마나 큰 능력의 소유자이건, 당신의 업무가 무엇이건, 당신이 얼마나 헌신적으로 일에 매달리건 그것이 당신의 미래를 보장해 주지 못한다는 점이다.

가령 10년 후를 생각해 보라. 10년 동안 주어진 $2\frac{1}{2}$을 모두 합하면 무려 1천 300일, 즉 3년 반이나 된다. 3년이 한 사람의 10년 후를 얼마나 크게 바꾸어놓을지는 상상에 맡기겠다. 그런데도 이 시간을 여전히 일에 매달려 흘려보낼 것인가?

주말을 현명하게 보내는 방법은 있나요?

주말을 현명하게 보내려면 누구에게나 주어지는 1년의 주말 104일을 재구성하고 이를 혁신해야 한다. 그러기 위해서는 다음의 원칙들을 살펴볼 필요가 있다.

첫째, '일탈'이다.

이는 주말에는 전혀 다른 삶을 보내야 함을 의미한다. 잘 놀기 위해 우선 업무로부터 완전히 독립되어야 하고, 반복적인 일상으로부터도 벗어나야 한다.

둘째, '몰입'이다.

기왕 놀 바엔 신나고 재미있게 놀아야 한다. 우리는 누구나 과거와 미래, 현재의 일과 가족관계와 인간관계가 강요하는 고통에 중독되어 있다. 이때 '놀이에 몰입'하는 것은 다른 모든 것을 잊게 해주는 진정한 휴식이 된다.

셋째, '방바닥 X레이'를 찍지 마라.

직장인들 대부분이 주말이면 방바닥에서 뒹군다. 한 주 동안 쌓인 피곤으로 종일 자는 것이다. 이렇게 '방바닥에 X레이'를 찍는 것에는 이유가 있다. 매일 저녁 MBA를 다니기 때문이다. 이 MBA란 경영대학원이 아닌 'Management By Alcohol', 즉 술자리를 뜻한다.

넷째, '광(狂)'을 팔아라.

노는 데도 명심할 것이 있다. 바로 불광불급(不狂不及), "미치지 않으면 제대로 못한다"는 사실이다. 성공한 사람들은 무엇을 하건 광적인 사람들이다.

다섯째, '일 + 가 + 자 운동'을 하라.

만일 움직이는 것을 싫어가는 '사고형, 방콕형'이라면 특히 이것이 주말 내공 키우기에 좋을 것이다. 이름 하여 일+가+자 운동인데 여기서 일+가+자란 일주일을 효과적으로 분배해서 활용하는 '행복 인생 분할법'이다. 첫째 자신이 하는 '일'에 4일을, '가정'에 2일을, 그리고 오로지 '자신'만을 위해서 하루를 투자하는 것이다.

여섯째, 완전연소를 시켜라.

한 방울의 물이 모여 강이 되고 바다가 되듯이, 인생도 하루하루가 모여 평생이 된다. 즉 누구에게나 주어진 하루 8만 6천 400초를 얼마나 효과적으로 활용하느냐에 따라 인생이 달라진다. 그런데 이시간을 '완전 연소'하는 이가 있는가하면, '불완전연소' 상태로 버려두는 이들도 있다. 무심코 보내는 주말 104일은 어떤가? 이것을 시간으로 환산하면 약 2천 500시간이다. 주변을 곰곰이 살펴보라. 일상에서 벗어나 몰입할 곳이 분명히 있을 것이다.

놀이와 즐거움이 주는 반전

잠시 초등학교 시절로 돌아가 보자. 당시 제일 재미있었던 놀이는 뭐였는가? 사람마다 다르겠지만 술래잡기, 다방구, 공기놀이, 구슬치기, 자치기, 딱지치기, 축구, 농구 등일 것이다. 그렇다면 성인이 된 요즘은 무슨 놀이를 하는가? 딱히 떠오는 것이 없을 것이다.

돌이켜 보면 나는 덩치는 크지 않았지만 농구와 핸드볼을 잘했다. 하라는 공부는 안 하고 부모님 눈치를 따돌리며 농구장에서 살았던 기억이 생생하다. 농구장에서 제일 신나게 한 놀이는 자유투와 3점 슛 게임이었는데, 지지 않으려고 틈만 나면 아침저녁으로 연습을 거듭했을 뿐만 아니라, 편을 짜서 정식 게임을 할 때면 이기려고 온갖 악(?)을 쓰면서 코트를 누비곤 했다. 아마 공부를 그렇게 했다면 박사 학위 서너 개는 땄을 것이다.

그렇다면 왜 이때는 놀이에 정신을 팔았을까? 아마 놀이가 주는 해방감 때문이었을 것이다. 물론 나도 성인이 되면서 놀이와 담을 쌓은 지 수십 년이 됐다. 가끔 공원 농구 코트에서 벌어지는 농구 시합을 보면 손이 근질근질할 때도 있지만 맘만 앞서지 나서지는 못한다. 아마도 '성인≠놀이'라는 우리 사회의 불문율(?) 탓이 아닐까 한다.

플레이보이가 되어라

최근 발간된 『플레이, 즐거움의 반전』에서 발췌한 내용이다. 하나씩 점검
해보라.

- 평소 잘 웃지 않는 편이다.
- 자주 한숨을 쉰다.
- 특별한 취미 생활이 없다.
- 주말에도 딱히 할 일이 없다.
- '재미없다' 는 소리를 자주 한다.
- 놀면 뒤처지는 것 같고 죄책감이 든다.
- 가끔 이유 없이 화가 나고 짜증이 난다.
- 일을 진행할 때는 늘 하던 대로 한다.
- 농담이나 유머를 잘 이해하지 못한다.
- 친구와 동료와 공유하는 정보가 없다.
- 애인, 부부 사이지만 설렘이 없다.

어떤 생각이 드는가? 구구절절 내 이야기인가? 그렇다면 어째서 이런 일들이
벌어지는 걸까? 『플레이, 즐거움의 반전』의 저자는 우리가 즐겁지 않은 이유는 놀
이를 상실했기 때문이라고 역설한다. 힘들고 지친 일상에서 '놀이' 를 찾아야 행
복해진다는 것이다.

주말 도시락을 준비하라

얼마 전 한 순대국 집에서 있었던 일이다. 60대 초반쯤으로 보이는 남성 6명이 순대국에 반주를 곁들이면서 이야기에 푹 빠져 있었다. 곰곰이 들어보니 골프장 뒤풀이 겸 무용담 자리인 것 같았다. 놀랍게도 이들은 한 시간 넘게 골프 이야기만 하고 있었다. 이는 잘 논다 한들 사실상 그 놀이마저도 편협하다는 것을 보여준다.

그렇다면 당신이 하는 놀이는 어떤가? 아마 등산, 테니스 아니면 낚시 등에서 벗어나지 않을 것이다.

그렇다면 정말 놀거리가 없는 것일까? 잘 놀기 위해 고민하는 사람이 있다면 여기서 한 가지 처방을 하나 드리겠다. 바로 "주말엔 도시락을 싸라!"이다. 여기서 도시락이란 흔히 우리가 먹는 도시락이 아니라 도시락(挑始樂)을 의미한다.

첫째, 도전(挑戰)이다.

마땅한 놀이가 없다면 새로운 놀이로 눈을 돌려야 한다. 평소 해보고 싶었던 것이면 더 좋다. 가령 승마가 꽂혔다면 그것을 하면 되고, 스킨스쿠버에 마음이 가면 그것을 하라. 즉 마음속에 한 번쯤 자리를 잡았다면 우선 도전해보는 것이다.

필자는 최근 좀 색다른 놀이를 하나 즐긴다. 바로 텃밭 가꾸기다. 단독주택에 사는 터라 주차장 자리에 삽으로 땅을 갈아엎어 상추, 고추, 가지, 쑥갓 모종을 사다가 심었더니 요즘 상추가 쑥쑥 자라 매일 식단에 오르고 있다. 내친 김에 배추와 무도 파종했다. 오십 나이 평생 처음 해본 작은 도전이었지만 여간 행복한 것이 아니었다. 텃밭이 없으면 또 어떤가. 아파트 베란다도 실내 텃밭이 될 수 있다.

둘째, 시작(始作)이다.

시작이 반이라는 말이 있다. 생각했다면 행동으로 옮겨라. 물론 새로운 일에는 두려움이 앞서게 마련이다. 하지만 수년 전 아니 수십 년 전 운전면허를 따기 위해 처음 운전석에 앉았을 때 어땠는가? 초등학교 1학년 처음 등교했던 때는 어떤가? 처음 컴퓨터를 배울 때는?

아마 두려움으로 가슴이 두근거렸을 것이다. 그런데 지금 생각해보면 아무 것도 아닌 일처럼 느껴지지 않는가?

셋째, 락(樂) & 락(樂)이다.

밀폐용기로는 한 점 틈 없는 Lock & Lock이 최고지만 인생은 다르다. 인생에는 틈과 여유가 있어야 한다. 삶이 제대로 굴러가려면 밀폐된 삶에 틈을 만들고 신선한 공기를 불어넣어야 한다. 그 배경은 가족이 될 수도 있고 친구가 될 수도 있고 자연이나 놀이가 될 수도 있다. 다만 무엇을 하든 즐겁지 않으면 안 된다. 아무리 멋진 놀이도 즐거움을 주지 못하면 그만두어야 한다. 즉 락(Lock)이 아니라 락(樂)을 주는 놀이를 해야 한다.

인생에도 메이크업이 필요하다

여성들은 외출할 때 메이크업을 한다. 잘 가꾸어 예쁘게 보이기 위해서도 있겠지만 자기가 좋아서 한다.

주말도 마찬가지로 메이크업이 필요하다. 정성 들여 메이크업한 얼굴은 더 우아하고 예쁘다. 주말마다 멋진 '인생 도시락(挑始樂)'에 당신만의 놀이를 싸들고 신나게 나서보자. 도시락 반찬은 계란말이도 좋고, 콩자반도 좋고, 소시지 볶음도 좋고, 장조림도 좋듯이, 당신이 즐거운 그것이면 된다.

호모 헌드레드
시대의 출연

01
100세 인생,
어떻게 보낼 것인가?

요즘 큰 화두가 되고 있는 단어 중에 하나가 '100세 쇼크'다. 예전에는 축복이었던 장수가 이제는 재앙이 되고 있는 것이다.

일명 100년 인생 코드라는 것이 있다.

논어 위정편을 보면 15면 지학(志學), 30이면 이립(而立), 40이면 불혹(不惑), 50이면 지천명(知天命), 60이면 이순(耳順), 70이면 종심(從心)이라는 말이 나온다. 15세가 되면 배움에 뜻을 두고, 30이면 그 뜻이 확고해지고, 40이면 어디에서 미혹되지 않고, 50이면 하늘의 뜻을 알게 되고, 60이면 모든 것을 이해하게 되고, 70이면 하고 싶은 대로 해도 별 탈이 없다는 뜻이다.

100년 인생이 재앙이 된 세상

그런데 이것이 요즘은 이렇게 바뀌었다. 15이면 지학이 아닌 〈학원〉이고, 30이면 이립이 아니라 〈입사〉이고, 40이면 불혹이 아니라 〈별책부록〉이고, 50이면 지천명이 아니라 〈경수〉고, 60이면 이순이 아닌 〈지공〉이고, 70이면 종심이 아니라 〈폐집〉이라는 것이다.

이는 15세이면 정처 없이 학원에 다녀야 하고, 30이면 먹고 살기 위해 우선 회사에 들어가야 하며, 40이면 한창 일할 때인데 변방으로 밀려나고, 50이면 경제수명을 다한 사람 즉 조직에서 밀려나게 되고, 60이면 지공, 즉 지하철을 공짜로 타는 어르신이 된다는 것이다. 끝으로 70이면 아무런 탈이 없을 정도로 인생 후반기를 보내야 하는데 폐집, 즉 지하철이나 동네에서 폐지를 줍는 일을 하게 된다는 것이다.

최근 지하철 내의 폐지 줍기가 금지되었다. 그러나 이 방침이 있기 전만 해도 노인 분들이 지하철에서 신문이나 무가지를 주워 모으는 장면을 흔히 볼 수 있었다. 이것도 먹고사는 경쟁이라 특히 출근시간대가 지나면 지하철 안에서 일대 혈전이 벌어졌다.

사실상 이런 풍경은 IMF 시절에도 없었다. 이렇게 종일 땀을 흘리며 폐지를 모아서 팔면 4천 원 정도를 받는다. 다들 말 못할 사정이야 있겠지만 이 모습을 보면 가슴이 찡해지는 것을 어쩔 수 없다. 동시에 울화가 치밀어 이렇게 묻고 싶어지기도 한다.

"왜 이제 와서 이렇게 야단입니까? 도대체 젊어서 무엇을 했습니까?"

88

일식이 삼식이로 나뉘는 노년

얼마 전 비즈니스 미팅 때 자주 가는 한 호텔 커피숍에서의 일이다. 등 뒤에서 50대 중반 여성들의 목소리가 들렸다. 한 부인이 한 친구에게 이런 질문을 던지고 있었다.

"숙희야! 너의 남편은 몇 식이야?"

무슨 소리인가 싶어서 귀가 쫑긋했다. 그러자 친구가 대답했다.

"일식이야."

그러자 질문한 여성이 이렇게 되받아쳤다.

"어머 얘, 너는 복도 많다. 우리 그이는 삼식이야."

이 말에 그 자리에 있던 여성들이 이내 폭소를 터뜨렸다.

나는 호기심이 발동해 한참이나 이들의 대화를 주의 깊게 들었고, 한참 후에야 의문을 해소할 수 있었다. 이 여성들이 말한 일식이, 삼식이는 남편을 두고 하는 말이었다. 가령 남편이 50대 후반인데 직장을 갖고 있는 남편은 '一食이'로, 그는 아침 한 끼만 먹고 점심 저녁은 밖에서 해결하는 유능한 남편이다. 그리고 '三食이'는 하루 세끼를 집에서 해결하는 백수 남편을 뜻한다.

자신의 경제수명을 직시하라

그렇다면 삼식이로 노년을 보내지 않으려면 어떻게 해야 할까? 그 답은 '출구전략'을 짜는 것이다. 여기서의 출구전략이란 스스로를 위험으로부터 보호하기 위한 퇴로를 마련해놓는 일이다.

물론 돈이 많거나 안정된 직장에 다니는 이들은 전략이 필요 없다. 재산과 조직의 보호막 속에 살기 때문이다. 하지만 이들에게서 그 보호막을 걷어내면 무슨 일이 생길까?

현대인들은 생체수명 외에 또 하나의 수명기준을 가지고 있다. 바로 경제수명이라는 것이다. 즉 늙으면 육체의 수명이 다하는 것처럼 경제능력도 어느 정도 나이가 들면 파국을 맞이한다.

예전의 경제 능력 지형도는 20 ~ 60 ~ 80이었다. 20대에 직업을 갖고 60대에 은퇴를 하고 80대에 생을 마감한다는 뜻이다. 그런데 요즘은 이것이 30 ~ 50 ~ 100으로 바뀌었다. 30대에 직장을 구하고, 50대에 은퇴를 한 뒤 100세까지 살다가 삶을 마감한다는 것이다.

그런데 이 대목에서 중요한 포인트는 50과 100이다. 즉 경제수명이 단축된 요즘은 50대에 은퇴해서 약 40년간 돈을 벌지 못한 채 살아야 한다는 것이다.

은퇴 이후 10만 시간

전문가 용어 중에 '은퇴 이후 10만 시간'이라는 것이 있다. 이는 대략 60대부터 25년간에 걸친 노년기의 시간으로 자는 시간과 먹는 시간 10시간을 뺀 가용 시간 14시간을 합해 365일×14시간×20년=10만2200시간으로 도출된다.

이 때문에 많은 전문가들은 은퇴 이후 또 다른 인생 준비를 미룰 수 없는 과제로 본다. 약 40년간의 일하는 시간보다 20년간 쉬는 시간이 심리적으로 더 길다는 것이다. 즉 빈둥거리면서 쉬면서 지내기에 10만 시간은 감당 못할 만큼 길며, 유비무환이라는 말처럼 준비하지 않고 맞이하면 편안한 쉼이 아닌 지옥이 될 수도 있다는 의미이다. 자, 그렇다면 여러분에게 묻겠다.

월급, 점심식사, 휴가, 연월차, 자녀 학자금, 의료보험과 국민연금 지원 등 온갖 것을 지원해주는 온실 같은 회사에서 나오면 과연 여러분은 무엇을 하며 살 것인가?

나는 인생을 과학이라고 믿는다. 더욱이 수명연장이라는 현실이 성큼 다가온 호모 헌드레드 시대에는 인생도 더 전략적이고 과학적이어야 한다. 변화무쌍한 인생 100년을 무대포 정신으로 살아서는 안 되는 것이다.

최근 인생의 이모작을 준비하는 사람이 많아졌다는 것도 이 같은 호모 헌드레드 시대의 새로운 가능성을 보여준다. 한해 평균 70만 명이 퇴직하는 상황에서, 적지 않은 이들이 자신의 다음 인생을 향한 자립적이고 새로운 출발점을 만들어가고 있는 것이다.

평생 공무원으로 살았던 J씨도 마찬가지다. J씨는 퇴직 이후 공무원과는 전혀 다른 피부마사지의 세계로 발을 들였다. 등산으로 소일하는 친구들과는 달리 피부미용사 자격증을 따서 마사지숍을 연 것이다. 그런가 하면 퇴직 후 DJ로 변신한 B씨의 경우도 언론지상에 소개된 바 있다. B씨는 대학 시절 다방 DJ로 활동했던 경험을 살려 음악 카페에서 드럼과 콘트라베이스를 연주하고, 시각장애인들을 위해 도서 녹음 봉

사활동도 겸한다. 이처럼 인생 이모작을 준비하는 이들은 하나같이
" 자신이 진짜 원하던 삶이 무엇이었나 하는 질문을 끊임없이 던
지다보니 새로운 길이 눈에 보였다."고 말한다.

인생은 선택의 결과물이다. 누구도 당신의 인생을 만들어주지 않는
다. 그래서 인생은 苦(고)라고 말한다. 100세 인생의 황혼기를 위해 차
근차근 준비를 해나가는 일, 결국은 이것이 출구전략을 세우는 일이다.

여기서
잠깐 ## 마포불백의 여정

앞서 남자의 일생을 소개하면서 대부분이 50줄에 들어서면 퇴직 한다고 말했다
그런데 화백 ➡ 불백 ➡ 마포 불백의 과정을 밟은 이들은 어떻게 살아갈까? 이들
은 마포불백이란 최종 과업을 마치면 재기에 도전을 도모하는 데 그들이 가는 대
학이 있다.

첫째, 하바드대다. 돈 없는 마포불백이 웬 대학인가 싶을 것이다. 여기서 하바
드대란 대학이 아니다. 이들의 행동을 묘사한 것으로 하루종일 바쁘게 드나드는
것을 말한다. 이제 경제능력이 없다보니 방향타를 못 잡고 이리저리 돌아다니는
남자들을 풍자한 말이다.

둘째, 하와이대다. 하바드대를 다니려면 기력이 필요하다. 기력이 빠지면 이 대
학을 다니기가 어려워 수준이 좀 낮은 대학으로 옮긴다. 바로 하와이대다. 이 하와
이는 종일 와이프 옆에 있는 이들을 두고 한 말이다. 돈도 없고 힘도 빠지고 자존

심만 남는다.

셋째, 동경대다. 하와이대를 다니던 이들은 학풍이라든가 여건이 맞지 않아 고민을 하게 된다. 와이프의 등살이 만만치 않기 때문이다. 그래서 이들은 결단을 내린다. 다시 자신의 성향에 맞는 대학을 찾는데, 바로 동경대이다. 여기서 동경대란 동네에 있는 경로당을 말한다. 이곳으로 학교를 옮긴 이들은 적응하려고 하지만 이곳에서도 경제적인 잣대가 적용되는 터라 이내 자퇴하고 만다. 이들이 가는 마지막 대학은 어디일까?

넷째, 방콕대다. 이 대학은 앞서 말한 3개 대학에 적응을 못한 이들이 선택한 대학으로 재택 수업을 받으니 방에 콕 처박히게 된다. 이 모든 벌어지는 건 일의 유무 때문이다. 일이 없으면 이런 치욕스런 과정을 거쳐야 한다.

02
은퇴(Retire),
타이어 바꿔 끼우기

가끔 강연장에서 일부러 이런 질문을 던진다.

"혹시 조부모님 중에 한 분이라도 살아계시는 분 계십니까?"

이 질문에 손을 드는 이들에게 나는 이렇게 추임새를 넣는다.

"그 집안은 재앙이겠군요."

그러면 대부분은 폭소하거나 쓴 웃음을 짓는다. 예의 없는 질문 같지만 여기에는 이유가 있다. 예전에는 장수를 하면 좋은 일이었다. 하지만 이제는 장수도 경제적인 문제이고, 오래 살수록 돈이 많이 드니 오히려 위험일 수 있다.

호모 헌드레드의 시대

최근 호모 헌드레드(Homo Hundred) 시대, '100년 인생 시대'가 열렸다. 이제 호모 헌드레드 시대에는 생존하기 위해 한 가지 중요한 요건을 갖춰야 한다. 스스로 호모 워커스(Homo-Workers)가 되어야 한다. 즉 관 속에 들어갈 때까지 일을 해야 한다는 의미다.

이제는 직업과 직장에 대한 생각을 180도 바꿔야 한다. 평생직장이 아닌 평생직업을 만들어야 한다. 즉 삶의 축을 '직장인 모드'에서 '직업인 모드'로 바꾸어야 한다.

한 사람이 100년 동안 몇 개의 직업을 가질 수 있을까? 아마 평균적으로 6~7개 정도 될 것이다. 가령 대학을 나와 전공을 통해 직업을 택했다면, 길면 50세까지 유지할 수 있을 것이다. 그 다음은 어떻게 될까?

작은 회사로 이직하거나 자영업의 길을 밟게 될 것이다. 또한 그 과정에서 실패라는 수업료를 톡톡히 지불하고 또 다른 자영업에 뛰어들 수도 있다.

그 다음은 어떻게 될까? 경제 활동인으로서의 삶을 마감하기 전에 많은 이들이 아파트 경비원이나 관리직 등을 자의반타의반으로 갖게 된다. 하지만 이 직업도 평생 보장되는 것은 아니다.

이처럼 당신은 70세 전후로 4~5가지 業(업)을 갖게 되는데, 이런 과정을 원만하게 치루지 못한 이들은 폐지 줍는 일, 실버 퀵 서비스, 일용직 등을 하게 된다.

이 일련의 과정은 누구도 피해갈 수 없다. 말하자면 당신도 어쩌면 노년을 아파트 경비원으로 보내야 할지도 모른다는 것이다. 따라서 이런 상황이 벌어지기 전에, 아직 머리가 희끗해지기 전에 반드시 한 가지 질문을 짚고 넘어가야 한다.

"나는 무슨 業(업)을 갖고 갈 것인가?"

특히 이 질문은 나이 50줄에 접어들기 전에, 하루라도 일찍 물어야 한다.

일이 없다면 만들어서 해라

은퇴는 영어로 Retire이다. 타이어를 바꾼다는 뜻이다. 그런데 한국인들은 Retire를 일을 그만두는 Off - Work로 생각한다. 하지만 Retire는 Off -Work이 아니라 Off-Job을 말한다. 즉 직업을 바꾸는 시기이다.

호모 헌드레드 시대에 가장 성공적인 모드는 ' 99 88 34 ' 이다. 99세까지 쌩쌩(08)하게 살다가 삼(3)일 아프다 (4)죽어야 한다. 그리고 인생에 業(업)이 없으면 빨리 늙는다.

내 아버지께서는 평생을 초등학교 교장으로 사셨다. 그리고 은퇴 이후 15년은 거의 일 없이 사셨다. 그 모습을 보면서 나는 나름의 일을 만들어 아버지에게 일임해드렸다. 바로 집안일이었다. 물론 이런 나를 두고 주변에서는 부모 고생시킨다고 시선이 곱지 않았다. 하지만 65세 이후 내 아버지는 집안 청소, 빨래하기, 개 돌보기, 정원 가꾸기, 가사일 돕기 등 노인 치고는 일이 많으셨고, 지금까지도 건강하시고 젊어 보이신다. 만일 아침에 눈을 떠서 해야 할 일이 없었더라면? 아마 아버지는 더 일찍 늙으셨을 것이다.

이제 호모 헌드레드 시대의 인생은 다모작임을 기억하라. 전반전, 후반전, 연장전, 승부차기, 제비뽑기, 안되면 무승부, 나아가 재경기까지 길게 보고 준비해야 한다.

호모워커스는 인생의 주전선수

당신이 지금 하고 있는 일은 후반전, 연장전, 재경기 등 남은 인생을 위한 마일리지 쌓기다. 마일리지가 많이 쌓이면 좋은 상품을 살 수 있는 것처럼 이 시기에 경험과 재력이 쌓이면 후반전도 편할 수밖에 없다. 따라서 전반전에는 가차 없이 일해야 한다.

우선 하는 일의 양을 체크해보자. 야근을 자주하고 토요일에도 일을 한다면 오히려 행운일지도 모른다. 당신의 생존지수도 그에 비례해 증가하기 때문이다. 사실상 일이 많다는 것은 능력 있는 사람이라는 것을 보여주는 지표이다. 휴식도 물론 좋다. 하지만 만일 전반전에 서 있다면 능력이 닿는 한 많이 일하라. 일을 찾아 나서거나 만들어서라도 하라.

프로 축구에서 벤치에 앉아 있는 선수들을 보자. 출전도 못하고 벤치만 지키다가 어김없이 방출된다. 반면 자기 일에 열심히 임하면 반드시 직장인에서 직업인으로 자연스럽게 인생의 축이 이동한다. 이제 생존하려면 호모 워커스가 되어야 한다.

03
건강한 호모 헌드레더
(Homo Hundreder)로 살려면

직장인의 꿈은 누가 뭐래도 중역이 되는 것이다. 연말연시가 되면 조직에서 신화창조도 성성의 빈열에 오른 '職뚜이; 직장에서 우뚝 선 직장인' 들이 수백 명 씩 탄생한다. 반면 스타 탄생 반열에 오르지 못하는 이들은 조직에서 조용히 사라진다. 이런 말이 있다. "역사는 2등을 기억하지 않는다." 당신은 이 말을 들으면 무엇을 느끼는가?

일을 하는 태도, 워키튜드

하루라도 스타 임원들을 살펴보면 한 가지 사실을 발견하게 된다. 대충 살지 않는다는 점이다. 이들의 성공 DNA는 '몰입의 힘'에서 나온다. 또한 언뜻 일에 미친 것처럼 보이지만 정확한 전략으로 완급을 조절해 강력하고 지속적인 힘을 잃지 않는다.

나는 이처럼 신중하고도 열정적으로 일하는 태도를 워키튜드(Workitude)라고 부른다. 워키튜드는 Work+Attitude의 합성어로서 '일에 대한 몰입 상태'를 의미한다.

성공이란 전적으로 태도의 산물이다. 이 워키튜드 지수가 높을수록 성공 가능성도 높아진다. 나아가 부(Wealth)와 행복(Welfare)도 늘어나니 Work ➡ Wealth ➡ Welfare의 선순환이 구축된다.

주변을 돌아보라. 선배나 친구, 친척 중에 자신의 일로 성공한 이들은 대개 그 일에 몰입도가 높다. 그들은 결코 일요일이나 쉬는 날에 TV나 보며 하루를 보내지 않는다. 주중에 술을 마시지도 않으니 만나기도 쉽지 않을 것이다.

성공을 부르는 직테크 워크숍

'직職테크 공식'이라는 것이 있다. 이것은 '직업을 위한 기술'이라는 뜻이다. 지금부터 성공을 부르는 직테크 워크숍을 시작해보자.

우선 A4 용지를 마련해서 정 가운데에 100이란 숫자를 써넣어보자. 100은 만점이라는 뜻도 있지만, 여기서는 100년 인생을 의미한다. 여기서 질문을 하나 하겠다.

"당신이 100년 인생을 사는 데 가장 필요한 것은 무엇인가?"

그 답을 다음 중에서 고르면 된다.

1) 건강
2) 가족
3) 돈
4) 친구

　대부분의 사람들은 여기에서 1번인 건강을 꼽는다. 그러나 과연 그럴까? 물론 건강해야 오래 사는 것은 사실이다. 그러나 건강하지 않아도 돈이 있으면 산소 호흡기를 달고라도 살 수 있다. 즉 다음 단계로 가려면 한 가지 사항을 합의해야 한다. "100년 인생을 지탱하는 데 가장 소중한 건 돈이다." 라는 명제이다.

　여기에 동의한다면 다음 단계로 넘어가서 숫자 100 오른편에 약 3Cm 정도 간격을 두고 '돈' 이라고 적어라. 여기서 다시 질문을 하겠다.

　"그렇다면 무엇을 해서 돈을 벌 것인가?"

　앞선 질문에는 논니디고 잘 답하고도, 정작 이 질문의 답은 모르는 이들이 많다. 이 질문의 답은 아주 쉽다. 바로 '일' 이다. 일을 해서 돈을 번다는 것에 이의가 없다면, 숫자 100 왼쪽에 3Cm 간격을 두고 '일' 이라고 적어라.

　이렇게 나온 지표는 100년을 영위하려면 돈이 있어야 하고, 돈을 벌려면 일을 해야 한다는 단순한 명제를 보여준다.

　이제 마지막 질문이다. 100년 인생의 주인공은 누구인가?

　"부모인가? 아내인가? 자식인가?"

　이 문제를 못 풀 사람은 없을 것이다.

100년 인생의 주역은 바로 '나'이다. 이제 숫자 100 수직 3Cm 아래에 '나'라고 적어라.

이렇게 구축되는 것이 바로 인생의 삼각주다. 이것을 풀어 써보면 우리 인생 100년의 주인공은 나 자신이며, 나 자신이 100년을 잘 살려면 돈이 필요하고, 돈을 벌려면 일을 해야 한다는 이론이 도출된다. 그런데 놀랍게도 많은 이들이 이것을 인정하려 들지 않는다.

일과 돈의 우선순위 정하기

본격적인 설명으로 들어가기 전에 질문을 하나 던져보겠다.

"당신은 일이 먼저인가? 돈이 먼저인가?"

대부분은 돈이 먼저라고 답하지만, 사려 깊은 사람들은 일이 먼저라고 답한다.

돈은 현상이고, 일은 본질이다. 결국 일 자체가 돈을 벌기 위한 뿌리와 같다. 그런데 재미있는 건 직장인 90% 정도는 일보나는 돈에 관심을 갖고, 재테크라는 미명 하에 본질에서 벗어나 현상을 좇는다. 본질인 일에 관심을 가지는 축은 약 10% 정도다.

이제는 나로부터 일로 이어지는 사선을 긋고, 그 밑에 재테크가 아닌 직테크라고 써야 한다. 그래도 미심쩍다면 생각해보자.

"저 스타 상무는 과연 돈에 신경 썼을까? 일에 신경 썼을까?"

물론 일이다. 이유는 단순하다. 그것이 본질이기 때문이다. 다시 질문하겠다.

"당신 회사의 CEO는 과연 재테크에 신경 썼을까? 직테크에 신경 썼을까?"

당연히 직테크에 신경 썼을 것이다. 바로 이들이 일의 본질을 이해하는 10%의 사람들이다. 그리고 이중에 3%가 중역이 되고, 0.1%가 최고경영자가 된다.

마인드의 차이가 성공의 차이다

여기까지 이해했다면 다시 질문을 하나 던지겠다. 입사하기 전 면접시험장을 생각해보자. 면접을 볼 때 면접관에게 어떤 포부를 말했는가? 당신이 원하는 분야에서 최고가 되겠다고 다짐하지 않았는가? 그 포부와 야망은 어디로 갔는가?

일명 승진 사다리라는 것이 있다. 사원 ➡ 대리 ➡ 과장 ➡ 차장 ➡ 부장 ➡ 상무이사 ➡ 전무이사 ➡ 부사장 ➡ 사장으로 승진하는 것이 가장 이상적인 구도이다.

당신은 지금쯤 어디에 있는가? 일로 성공하려는 이들은 결국 일을 통해 이 사다리를 밟아야만 한다. 그런데 아직도 주식이나 펀드, 아파트 시세에 연연하는가?

K그룹의 Y 전무는 아이디어 1만 8천 600건 제출, 특진 7회, 대통령 표창 5회, 국제특허 17개를 보유한 자타가 공인하는 신화적 인물이다. 그는 어려운 집안 형편 때문에 고교 졸업 후 K타이어에 생산직으로 입사했다. 그러나 이후 특진을 거듭해 대기업 임원까지 오르면서 세간의 화

제가 되었으며, 이후 뜻을 두었던 공부에 매진해 서울대 MBA를 수석으로 졸업한 뒤 대학교 겸임 교수가 되었다.

그의 성공 비결은 어디에 있을까? 간단히 말해 그의 성공은 마인드의 차이다. 그는 스스로를 "눈앞의 문제에 환장하는 정신이상자"라고 말한다. 일단 호기심이 발동하면 잘 때도 머리맡에 녹음기를 두고 자면서 끊임없이 아이디어를 구상한다. 심지어 그는 13년 동안 연속극을 한 편도 보지 못했다. 그는 만나는 사람마다 이렇게 강조한다. "무언가에 미치는 사람이 세상을 지배한다."

직테크가 가장 훌륭한 재테크다

「생활의 달인」이라는 방송프로가 있다. 이 프로는 자신의 일터에서 달인의 경지에 오른 이들의 성공스토리를 소개하고 있는데, 평범하면서도 비범한 작은 영웅들이 수없이 등장한다. 비록 사소하지만 자신이 하는 일로 신의 경지에 오른 이들의 모습을 보면 아낌없는 박수를 보내고 싶어진다.

나는 강의 중에 항상 이렇게 강조한다. "당신이 뭘 하는지는 중요하지 않다. 세상은 당신이 그 일을 어떻게 하는지만 본다."

지금 하는 일로 성공하려면 우선 일에 대한 태도를 바꿔야 한다. 직업을 통해 능력을 배양해 부자가 되는 직테크가 중요하다. 그동안 재테크를 위해 썼던 발품, 머리품, 손품을 직테크로 전환해야 한다.

04
休테크가 직업 수명을 늘린다

"한국에서 중국으로 출장 가는 사람은 몇이나 될까?", "당신이 산타클로스라면 하룻밤 사이에 전 세계 어린이들에게 어떻게 선물을 나누어줄 것인가?", "오후 두 시, 트럭 한 대 분량의 바나나를 어떻게 두 시간 만에 팔겠는가?", "회사 이름으로 삼행시를 지어달라."

모두 구직자를 당황하게 만든 면접 질문들 중의 일부다. 이런 질문을 받는다면 어떻게 하겠는가? 물론 정답은 없다. 그러나 곰곰이 생각해보라. 궁즉통이라 했다. 궁하면 아이디어가 나오게 마련이다.

잘 노는 것도 성공의 기준

많은 이들이 "남보다 잘 산다, 남보다 잘 됐다, 남보다 행복하다."를 성공의 기준으로 삼듯이, '남보다 잘 노는 것'도 하나의 성공 기준이 될 수 있다.

내가 놀이를 강조하는 것은 놀라운 성공 지원 효과 때문이다. 놀이의 종류와 수준과 다양성, 놀이를 통해 만나는 인맥 등이 미래를 결정하는 중요한 요인이 되기 때문이다. 그간 일과 성취에서 보람을 찾았다면, 이제는 놀이를 통해서도 성취하고 성공할 수 있어야 한다.

실로 우리는 초등학교를 졸업하고 나면 놀이를 잃는다. 여기서 놀이를 되찾는다는 것은 진로, 가정 형편, 꿈과 희망이 달라 만날 수 없었던 다양한 계층을 놀이라는 구심점으로 다시 만나게 되는 것과 비슷하다. 또한 놀이를 중심으로 만난 사람들끼리의 유대감은 아주 끈끈해서 이 교류를 통해 수많은 기회와 가능성이 열리게 된다.

다음은 세계일보에 「사는 얘기」를 연재해 큰 인기를 끌었던 칼럼니스트 이상헌 씨가 만남의 소중함에 대해 쓴 글이다.

학교를 가지 않아도 우리 주위에는 배울 것이 너무나 많다. 이것만 배워도 박사학위 10개 딴 사람보다 더 성공적인 삶을 살 수가 있다.

(1)노인에게서 풍부한 지혜를 배우고 (2)단거리 선수에게 순발력을 배우며 (3)장거리 선수에게 지구력을 배우고 (4)아이에게 순수한

마음 (5)농부에게서 성실함을 배운다.(6)산악인에게 도전을 배우고 (7)음식점에서 서비스정신을 배우고 (8)신문배달원한테는 부지런함을 배우며 (9)수학선생에게 문제 푸는 법을 배우며 (10)군인에게는 나라 지키는 것을 배운다.

(11)노래방 기계에게 거짓말을 배우고 (12)잘 웃는 사람에게서 이 세상에 가장 아름다운 것이 무엇인가를 배우며 (13)환경미화원에게서는 이 세상은 저절로 깨끗해지는 것이 아니라는 것도 배우고 (14)교통사고 현장에서 법규준수가 얼마나 중요한가를 배우며 (15)파출소 앞을 지나다 '무엇을 도와드릴까요.' 라고 쓴 글씨를 보면서 봉사심을 배운다.

(16)목욕탕에서 때를 밀면서 마음의 때도 함께 벗겨야 한다는 것도 배우고 (17)노름판에서는 끼여 들지 않는 게 장땡이라는 것을 (18)롯데 껌을 씹으면서 내가 이 회사에 매년 수천 억 원을 벌어주는구나 하는 것도 배우며 (19)모범택시를 타보면 확실히 더 많이 받는 차가 서비스도 좋다는 것도 배우고 (20)야유회에 가보면 잘 노는 사람이 일도 잘한다는 것을 알게 된다.

(21)각 기업체 강의 할 때 일등 가는 직장인이 일등 가는 제품을 만든다는 것도 배우게 되고 (22)행복한 가정의 가장이 출세 길도 빠르다는 것을 배우고 (23)비리사건으로 구속되는 사람을 보면서 많이 먹으면 탈난다는 것이 고금의 진리구나 하는 것도 깨닫고 (24)사무실에 찾아오는 수많은 세일즈맨을 보면서 팔아야 산다는 것을 뼈저리게 배우고 (25)가나안 농군학교에 가보면 일하지 않으면 먹지

도 말아야 된다는 것도 배운다. (26)지방출장을 가보면 하룻밤 수천 원 짜리 여인숙이나 수십 만원짜리 호텔 방이나 잠 오는 것은 마찬 가지라는 것을 배우고 (27)술집에서 술을 마시다보면 안주가 모자 라고 안주를 시키고 나면 술이 모자란다는 것도 배우게 되며 (28)병 원에 가보면 건강한 게 얼마나 소중한가를 깨닫게 되고 (29)교육비 를 아끼지 않고 쓰는 회사가 눈부신 발전을 하는 것을 보고 비료 준 것만큼 성장한다는 것도 배우고 (30)세무서에서는 세금을 내면서 이 나라 살림을 내가 하고 있다는 것도 배우게 된다.

나는 10년도 더 지난 이 신문기사를 지금도 때때로 꺼내서 읽어본 다. 내가 여기서 하고 싶은 말이 사실 이 글 속에 다 들어 있기 때문이 다. 그 중에서도 "(20)야유회에 가보면 잘 노는 사람이 일도 잘한다 는 것을 알게 된다."는 것. 그리고 "(21)일등 가는 직장인이 일등 가 는 제품을 만든다는 것.", "(22)행복한 가정의 가장이 출세 길도 빠 르다는 것.", "(28)병원에 가보면 건강한 게 얼마나 소중한가를 깨닫 게 되고 (29)교육비를 아끼지 않고 쓰는 회사가 눈부신 발전을 하는 것을 보고 비료 준 것만큼 성장한다는 것" 등을 가장 추천하고 싶다. 바로 이 점을 깨닫고 나면 성공은 따놓은 당상이기 때문이다.

편중된 집착을 분산시켜 이런 저런 취미도 가져보고, 이런 저런 일 도 저질러보고, 여기 저기 다녀보고, 이 사람 저 사람 만나보라. 더 많이 일하는 사람이 더 크게 성공한다고 생각하라. 그렇다면 사회적 성공은 "운칠기삼(運七技三)"인가, 아니면 "운삼기칠(運三技七)"인가?

_『주말104일의 혁명』발췌

성공하려면 잘 노는 사람을 만나라

삼성경제연구소 보고서에 따르면 1990년의 30대 기업 중 1999년까지 30위 안에 살아남은 기업은 겨우 9개였다.

즉 쟁쟁하다는 기업들의 생존율도 고작 30%에 불과했다는 것이다. 또한 1965년 국내 100대 기업 중 1999년까지 살아남은 기업은 19개에 불과했다.

이처럼 더 많은 자본과 우수한 인재와 기득권을 가진 대기업들이 신생 기업에 밀리게 된 것은 급변하는 시장 환경이라는 의외성 때문이다.

우리는 사회적 성공에는 일정한 패턴이 있으며 결국 그른 판단보다 바른 판단을 더 많이 내리는 자가 성공한다고 배웠다. 지당한 말이지만 문제는 무엇이 '그르다, 바르다'는 예측할 수 없다는 데 있다. 점점 변화 속도가 빨라지는 예측불가의 세상에서 무엇이 바른 판단이고 무엇이 그른 판단인지 어떻게 알 수 있겠는가? 남보다 많이 생각하고 일하는 것으로 될까?

새로운 배움이란 결국 새로운 사람을 만나는 일이다. 놀이 혁명의 전쟁터에서 살아남으려면 즐겁고 치열하게 놀이에 몰두할 수 있는 훌륭한 전우들을 만나야 한다.

지금 선진 기업에서 놀이가 조직 경직을 막기 위한 훌륭한 처방전으로 여겨지는 것만 봐도 이제 우리 사회에 커다란 놀이혁명이 시작되었음을 알 수 있을 것이다.

이제 놀이도 2.0이 아닌 3.0으로 진화하고 있다. 이제 놀이를 통해 합체와 변신을 도모하라. 잘 놀고 잘 쉬는 것을 최선으로 삼아라. 우리나라에서 벌어지는 놀이 혁명에 동참하라.

진정한 명품 삶은 따로 있다

01
행복 1번지를 구축하자

'행복 1번지'란 행복이 시작되는 발원지를 뜻한다. 대개는 이것이 멀리 있다고 생각한다. 하지만 이 행복 1번지는 우리의 습관 안에 숨어 있다. 이를테면 생각은 행동을 낳고, 행동은 습관을 만들고, 습관은 인생을 만든다. 행복도 불행도 결국 습관의 결과인 것이다.

불행한 습관은 불행을 만든다

한 남자가 있었다. 그에게는 방에서 나올 때마다 불을 끄는 습관이 있었다. 그가 대학을 졸업하고 한 대기업의 면접장에 나타났다. 다행히 그는 면접관들의 질문에 슬기롭게 답하면서 면접을 무사히 치러냈다.

그런데 그만 면접을 마치고 나오면서 면접장 스위치를 눌러 불을 꺼버렸다. 그러자 놀란 면접관들이 말했다.

"아니, 무슨 불만이라도?"

좋은 습관은 어떻게 만드는가? 그 첫 단계는 나쁜 습관을 버리는 것이다. 자신에게 질문을 던져보라. "개인적으로 또는 직업적으로 만일 개선하면 삶에 놀라울 변화를 가져올 만한 습관이 무엇이 있을까?"

이것이 가장 먼저 버려야 할 습관이다. 하지만 막상 개선하려고 하면 또 어려운 문제들에 닥치게 된다.

이때 살펴볼 것이 ' 21 법칙'이다. 이는 하나의 습관을 자기 것으로 만드는 데 최소한 21일이 걸린다는 이론으로서, 기존 습관을 유지하고 싶은 유혹을 21일 버티면 새로운 습관이 만들어진다고 한다.

행복해야 성공할 수 있다

팔굽혀펴기를 보자. 오늘 당장 팔굽혀펴기를 하면 몇 번이나 할까? 모르긴 몰라도 최대 20번 정도일 것이다. 그러나 이 팔굽혀펴기를 오늘도, 내일도, 모레도 해보고, 계속해서 2주 이상 반복하면 모르긴 몰라도 50번 이상은 가능할 것이다. 이것이 바로 습관이 주는 열매다.

이제 우리가 사는 시대는 성공과 행복에 대해 새로운 정의를 내리고 있다. 성공해야 행복한 것이 아니라, 행복해야 성공한 것이다. 좋은 습관을 키우고 그를 통해 삶을 차분히 바꿔나가는 일이 행복 1번지를 찾아 나서는 길임을 기억하자.

02
지금 하고 있는 일로 명품을 만들어라

많은 이들이 "지금 하는 일로 부자가 될 수는 없을까?"를 고민한다. 그 답이 궁금하다면 다음의 「중앙일보 이코노미스트」 유상원 기자의 글에 담긴 성공 코드를 찾아보라.

" 자기가 좋아하는 일을 하면 부자가 됩니다. 그렇지만 처음부터 자기가 좋아하는 일이, 과연 이 세상에 있을까요. 아마 없을 겁니다. 일본에서, 일본 부자들에 대한 연구를 많이 한 혼다 켄이란 사람이 있습니다. 그가 일본에서 세금을 가장 많이 내는 1천 명의 부자들을 대상으로 조사를 했을 때에도 역시 같은 결과가 나왔습니다. 자기 좋아하는 일이 아니라, 눈앞의 일에 최선을 다해서 그 일을 자기가 좋아하는 일로 만들었다는 얘기입니다.

이 일본 부자들의 80%는 돈을 추구한 게 아니라고 합니다. 대신에 일(직업)을 추구를 했는데, 이 일(직업)을 선택을 할 때에 통상적으로 다음의 3가지를 일을 선택하는 기준으로 삼았다고 합니다.

첫째, 내 능력과 재능을 활용할 수 있는 일인가. 둘째, 내가 좋아하는 일인가. 셋째, 이 일을 하면 다른 사람들도 기쁘게 해줄 수 있는 것인가. 이게 바로 3가지 기준인 것입니다. 그런데 재미있는 것은, 부자들의 50%가 첫째 기준에 따라서 직업을 선택했다는 겁니다. 이는, '내 능력과 재능을 최대한 활용할 수 있는 일'을 한다고 하면, 어떤 일을 해도, 누구든지 부자가 될 수 있다는 말과도 같은 것입니다."

돈이 전부는 아니다

이 글을 읽고 당신은 "뻔한 이야기네!", "누가 모르니?" 생각할 수 있다. 하지만 이런 말이 있다.

"부동산으로 돈을 번 이들은 전문가가 조언하는 내용을 받아들여 실천에 옮기는 사람들이다."

즉 하는 일로 부자가 되려면 전문가의 조언이나 가르침을 받아들여야 한다. 일단 속는 셈치고 곱씹고 성찰하는 것이 우선인 것이다. 조선일보 조용헌 살롱에 실린 다음의 글도 보자. 제목은 「돈과 여자」다.

"인간의 욕망을 간단하게 정리하면 재색명리(財色名利)이다. 이것을 얻기 위해 인간은 죽도록 고생한다. 재색명리는 마치 천라지망(天羅地

網: 하늘과 땅에 쳐진 그물)과 같다. 이 그물에 걸리면 그 누구도 빠져나갈 수 없다. 재색명리 가운데 제일 촘촘할 뿐만 아니라 고래심줄 같이 질긴 그물이 돈이고, 그 다음에 센 그물이 색(여자 또는 남자)이다.

보통 사람 치고 재색에서 자유로운 사람 없다. 명리(名利)는 그 다음이다. 추명학(推命學)에서는 돈과 여자(남자)를 같은 것으로 본다. 한 예로 남자에게 돈과 여자는 쟁취해야 하는 대상이다. 돈이 많으면 여자도 많다고 본다. 돈이 없으면 여자도 없다. 그래서 '다재다처(多財多妻)'요, '무재무처(無財無妻)'인 것이다.

그러나 돈 많은 팔자라고 다 좋은 것도 아니다. 기질이 약한데 재물이 많으면 피곤한 삶을 살게 된다. 이를 '재다신약(財多身弱)'이라고 한다. 많은 돈을 감당하려면 인내력, 판단력, 포용력이 필요하기 때문이다. 따라서 심약하고 섬세한 사람이 돈이 많으면 반드시 시달리므로 재물도 축복 아닌 재앙이 된다.

본인도 강한데 돈까지 많으면 '재다신강(財多身强)'이다. 이렇게 되면 돈과 여자가 많아도 너끈히 감당한다. 고(故) 정주영 현대 회장 같은 이들이 이런 유형이다. 정 회장은 1980년대 후반 청문회에 나와서 "이제까지 나 원망하는 여자 없었다."는 유명한(?) 말을 남긴 바 있다. '재다신강'은 여자가 많아도 스캔들이 없다.

'재다신약'은 어쩌다 한번 이성을 사귀어도 스캔들로 비화된다. 특히 근래에는 이성 문제로 인한 사단이 벌어질 가능성이 많다. 왜냐하면 1960~70년대까지만 하더라도 돈이 많으면 암묵적으로 '일부다처'를 용인하는 사회적 분위기가 형성되어 있었지만, 이제는 어림없는 이야

기다. 시대가 바뀌었으니 다재(多財)라고 해서 다처(多妻)를 취했다가는
당장에 이혼소송을 당하고, 재산의 상당 부분을 위자료로 지불해야 한
다 '다재다처(多財多妻)' 라는 추명학의 공식도 이제는 시대 변화에 따
라 바뀌고 있는 것이다.

(조선일보 발췌)

부자의 4가지 유형

나는 부자에는 4가지가 있다고 생각한다. 다음의 그림을 보자.

돈(錢)부자/ Money 정주영+이병철+빌게이츠	꿈(夢)부자/ Dream 한비야+엄홍길
마음(心)부자/Heart 테레사 수녀+최일도 목사	일(業)부자/Work 이명박+황창규

첫째, 돈(錢) 부자를 보자.

이 돈 부자는 아무나 될 수 없다. 하늘이 내린다. 가령 정주영, 이병
철, 빌 게이츠 등이 그렇다. 대개는 '부자' 하면 이런 돈(錢) 부자를 생
각한다. 그렇다보니 지금 하는 일로 부자가 된다는 것이 어불성설(語不
成說)처럼 느껴질 수도 있다. 사실 맞는 이야기다. 월급을 저축해서 큰
부자가 된다는 것은 어려운 일이다. 그러니까 이 길은 지금으로서는 우

리와 먼 길이다.

둘째, 일(業) 부자이다.

일 부자는 누구나 될 수 있다. 네 종류의 부자 중에 가장 되기 쉬운 부자다. 그냥 주어진 일을 열심히 하다 보니 일 부자가 되는 것이다. 대표적인 일 부자로는 이명박 대통령이 있다. 그는 현대건설에 입사해 5년 만에 상무이사, 12년 만에 사장, 20년 만에 제 2인자인 그룹의 회장이 되었다. 말 그대로 일로 부자가 된 사람이다. 나는 이런 일 부자들을 슈퍼 직장인이라고 부른다. 이런 일 부자들은 주변에 적지 않게 있다. 필라 코리아 윤윤수 회장, 삼성전자 윤종용 부회장, 황창규 사장 등이다.

셋째, 꿈(夢) 부자도 있다.

꿈 부자는 돈과는 다소 거리가 있다. 가령 오지 탐험가 한비야 씨, 산에 인생을 건 엄홍길 대장, 새 박사로 잘 알려진 윤무부 교수 등이 꿈 부자다. 이들은 자기가 좋아하는 일을 하나의 業(업)으로 삼고 평생을 매진한다. 이들에게 일은 반드시 돈과 연결되지는 않는다. 그저 좋아하는 일에 미쳐 있는 사람들이다. 나는 이런 사람들을 사우샘프턴(業報)를 지난 사람이라고 부른다. 이들은 보통 사람들은 도저히 이해 못하는 열정을 꿈에 담으며 세상을 깨우친다.

넷째, 마음(心) 부자다.

이 부자도 아무나 하는 부자가 아니고, 가장 되기 어려운 부자다. 자신의 모든 것을 세상에 퍼주는 삶의 자세가 없으면 도저히 불가능하기 때문이다. 가령 테레사 수녀, 김수환 추기경, 이해인 수녀, 평생 밥을 퍼주는 최일도 목사 같은 종교인들이 많다. 물론 이런 큰 마음 부자만 있는 건 아니다. 평생 행상이나 나물 장사로 모은 수억 원을 기부하고 가는 작은 영웅들, 장기를 기증하는 이들처럼 세상에 받은 것을 다 내놓고 공수래공수거(空手來空手去)를 실천하는 모든 이들이 마음 부자다.

여러분은 어떤 부자가 되고 싶은가? 물론 다들 제각각의 꿈이 있겠지만 여기서 가장 되기 쉬운 부자는 일 부자다. 부자가 되려면 지금 하고 있는 일을 다시 살펴보고 재보는 것이 중요한 이유도 그래서다.

일은 행복한 업보다

그렇다면 일 부자는 어떻게 만들어지는가? 이쯤해서 잠시 고등학교 시절로 되돌아가보자. 이때 공부 잘하던 친구들을 생각해보면 나름 훌륭한 습관을 가지고 있었을 것이다. 이를테면 시험에 임박할 때 스스로 예상문제를 내거나, 선생님의 코드를 읽어 시험에 나올 만한 문제를 추측할 줄 안다. 이 학생들은 선생님보다 한 수 위다.

직장인들도 마찬가지다. 조직에서 잘 나가는 이들은 앞서 소개한 공부 잘하는 학생들처럼 조직의 코드를 읽어내고, 나름대로 예상문제를 만들어 풀고 그곳에서 성공의 씨앗을 찾는다.

올해로 75세인 전직 서울대학교 국문과 교수 김윤식은 평생 공부벌레로 유명하다. 『한국문학사』, 『한국근대문예비평사연구』, 『한국근대

문학사연구』 등 순수 저작물만 150여 권을 냈고, 가장 존경하는 인물은 일본의 극우파 에도 준이다. 그가 극우파 학자를 존경하는 이유는 어찌 보면 단순하다. 에도 준은 죽을 때까지 글을 쓰다가 글을 쓰지 못하게 되자 자살해버렸다. 즉 이념을 떠나 목숨을 걸고 공부하고 글을 썼던 사람이기에 존경하는 것이다.

여러분은 어떤가? 남들은 다 하기 싫다는 공부에도 목숨을 건 이가 있는데, 과연 자신이 좋아하는 무언가에 미쳐본 적이 있는가? 이제 세상이나 상관이 아닌, 그 자신에게 질문을 던질 때다. "당신은 지금 하는 일을 그 누구보다 잘 할 수 있는가?", "당신 회사에 들어오는 협력업체 사장보다 그 일을 잘할 수 있겠는가?", "과연 그 일에 미칠 수 있겠는가?" 일로 부자가 되려면 전문가보다도, 협력업체 사장보다도 그 일을 잘 해야 한다. 세계적인 보석업체 티파니의 아시아 담당 사장 김미셸 사장은 중앙일보와 인터뷰(2007년 4월13일자) 에서 다음과 같이 조언했다.

1) 상사의 어떤 질문에도 완벽하게 대답할 수 있도록 준비하라.
2) 항상 궁금증을 갖고 대안을 생각하라.
3) 스스로 만족할 때까지 일에 열정을 쏟아라.
4) 시키지 않은 일도 하라.
5) 근무시간에는 성별을 따지지 마라.

주어진 당신의 일을 천직으로 생각하고 평생을 쏟아라. 사람은 배반을 하지만 일은 배반하지 않는다.

여기서 잠깐 **부의 6단계 원칙은**

영국 작가 캐네냐가 타임지에 세계적인 기업가들을 분석해 기고한 이른바 부의 6단계 원칙이라는 것이 있다. 지금부터 살펴보겠다.

첫째, 열정이 있는 분야에서 일을 시작하라. 둘째, 자신이 선택한 분야에서 새로운 가치를 창출할 방법을 강구하라. 셋째, 행동에 들어가기 전 머릿속에서 경영의 세세한 부분까지 구상하라. 넷째, 어떤 것이 가치 있는지 잘 평가한 뒤 위험을 감수하라. 다섯째, 행동은 빠르게 하라. 여섯째, 위기를 예상하고 실패 속에서 교훈을 얻은 뒤 계속 전진하라.

즉 일 부자가 되기 위한 조건들을 압축파일로 만들면 바로 'Now & Here'다. 지금 일하는 곳이 당신이 일 부자가 될 무대다.

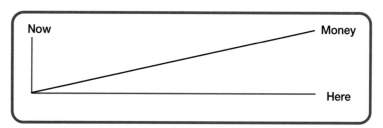

일 부자의 부는 위 그래프처럼 조직 내 생존과 하는 일에 비례한다. 매일 나갈 직장이 있고, 그곳에서 해야 할 일이 있다면, 그것을 축복으로 여겨라. 일을 사랑하고 일터를 존중하라. Money = Now × Here, 이것이 하는 일로 부자 되는 부자 방정식이다.

03
당신의 보장 자산을 챙겨라!

성공하는 사람들은 다르다. 보통은 자신이 '좋아하는 것'을 하기를 원하지만, 이들은 익숙한 것 즉 '잘하는 것'을 함으로써 성공한다.

나는 미래 비전을 물어볼 때 "무엇을 좋아합니까?" 대신 "잘하는 게 뭐죠?"라고 묻는다. 좋아하는 것과 잘하는 것은 아주 다르기 때문이다. 즉 호(好)는 해보고 싶은 마음을 의미하고, 숙(熟)은 직접적으로 잘할 수 있는 행동인 것이다.

약점보다는 강점에 주목하라

진로적성계발가 정효경 박사는 진로상담을 할 때 "잘하는 일을 찾아라!"고 조언한다.

프로의 세계에서 인정받으려면 약점을 의식하기보다는 강점을 살리는 게 유리하다는 것이다. 그녀는 "상담을 해보면 잘하는 것과 좋아하는 것을 혼돈하는 사람이 많다."며 "좋아하는 것을 직업으로 삼으면 재능을 발휘하지 못하는 실수를 범하기 쉽다."고 말한다.

성공학자 존 맥스웰도 미국 각계에서 성공한 리더 1천 여 명의 자기관리를 조사한 뒤 다음과 같이 밝혔다.

"그들은 자기에게 주어진 하루 24시간이란 시간의 75%를 자신의 장점을 더 극대화시키는 데 투자하고, 20%는 새로운 것을 배우는데, 그리고 나머지 5%는 약점을 보완하는 데 투자한다."

주어진 성공자산인 강점에 주목할 뿐, 약점을 보완하는 데 쓸데없는 시간을 쓰지 않는다는 것이다.

많은 사람들이 '잘하는 것'을 찾으라는 이야기를 들으면 다시 고민에 빠진다. "난 잘하는 일이 뭐지?" 이것저것 엉뚱한 공상에 빠진다. 이제 상상의 시작점을 현실로 돌려보자. 여기서 시작되는 질문은 다음과 같다.

"당신이 하고 있는 일을 더 잘하는 사람은 누구인가?"

"마케팅팀 김 과장이 당신이 지금 하고 있는 일을 당신보다 잘할 것인가?"

"아니, 나는 마케팅팀 김 과장이 하는 일을 더 잘할 자신이 있는가?"

일이 최고의 보장자산이다

우리 인생의 성공무대가 '지금 하는 일'이 될 수밖에 없는 이유는 당신이 종일 그 일을 위해 살기 때문이다. 가령 직장인들은 하루의 75%를 회사에서 보낸다. 성공한 사람들은 하나같이 "현장에서 답을 얻었다."고 말한다.

실로 오랫동안 쌓아온 현장 경험에는 남들이 함부로 흉내 낼 수 없는 노하우가 녹아 있다. 아무리 같은 업무를 진행해도 각자의 특성에 따라 미묘한 차이를 보이게 되는 것이다.

그리고 이 미묘한 차이, 일을 진행하면서 익숙해진 그 미묘한 차이가 바로 성공 자산이다. 현장에서 몸으로 익힌 것과 그냥 아는 것은 다르다. 그리고 현장에서 쌓아올리는 경험이야말로 우리를 성공으로 이끄는 성공의 맥(脈)이며 보장자산이다.

04
게으른 강자는 없다!

사람들은 성공한 이들을 보며 이렇게 생각한다.

"저들은 행복하구나. 이제 아무 고민이 없겠구나."

이것은 본질이 아닌 현상만 보는 것이다. 나름 성공의 길을 걷고 있는 모두가 일종의 성장통(成長痛)을 앓고 있다는 점을 간과하는 것이다. 일반적인 성장통처럼 성공의 성장통도 남다른 결과와 성공을 위해 어쩔 수 없이 지불해야 하는 아픔이다.

가령 내 경우는 일주일에 한두 개씩 방송에 출연한다. 그래서 주말이 두렵고 힘들다. 주말이 되면 반드시 다음 주 방송 원고를 생산해야 하기 때문이다. 그렇지 않으면 나라는 컨텐츠는 어느새 방송 무대에서 사라지고 말 것이다.

공짜 점심이 없는 세상

소프라노 가수 조수미 씨는 한 잡지사와 가진 인터뷰에서 다음과 같이 말했다.

"성악가의 삶은 힘들다. 술도 담배도 안 되고, 노래하기 전에 튀김이나 찬 음식, 뜨거운 음식을 먹어도 안 된다. 피곤해도 안 되고 아파도 안 되고, 목이 메면 안 되니 슬픈 장면을 봐도 안 되고 울어도 안 된다. 너무 많이 먹어도 안 된다. 안 되는 것투성이인 이 운명이 때론 지독하다고 생각하지만 다른 도리가 없다! 이미 노래가 없으면 살 수가 없는 그런 사람인 걸……. 노래는 내 인생이고, 바로 조수미이다."

정상에 있는 이들이 겪는 성장통은 이외에도 다양하고 강세다. 쉽게 말해 세상에 게으른 강자는 없다. 내가 강의에서 입버릇처럼 하는 말이 있다.

"지금 하는 일이나 공부 등이 힘들게 느껴지는가? 사실 그건 사치다."

좀 가혹하게 말하면 세상에 공짜 점심은 없다.

하려면 죽을 만큼 하라

한 스포츠 전문기자는 세계적인 골프대회에 가서 취재를 하면서 한가지 사실을 깨달았다고 한다. 바로 세계 정상급 골퍼들의 공통점인데, 모두가 하나같이 연습벌레라는 점이다. 이들은 시합 전날까지 하루 6

시간을 쉴 새 없이 연습한다. 또한 이 시간 동안 거창한 연습이 아닌 매일 반복되는 기본기에 집중한다. 가령 스윙, 어프로치 샷, 퍼팅 등을 반복 또 반복하는 것이다. 말하자면 세계적인 골퍼들의 성공도 결국은 '구슬땀' 의 결과인 것이다. 세계적인 선수들도 이러한데 여러분은 어떤가?

사람들은 '노력' 을 싫어한다. '쉽게 쉽게' 해낼 방법을 찾아다닌다. 그러나 성공도 행복도 하나의 자연 법칙이다. 겨울의 준비, 봄의 파종, 여름의 잡초 베기, 가을의 수확 같은 구슬땀 없이는 결코 열매를 맺을 수 없다.

개그맨 김제동 씨가 한번은 강호동 씨가 진행하는 한 TV 프로에 나가서 연예인 야구단에서 활동하고 있는데 야구 실력이 늘지 않는다며 고민을 털어 놓았다. 이 고민에 강호동 씨가 물었다.

"죽을 만큼 해봤습니까?" 그러자 김 씨는 이렇게 답했다.

"아니요. 하지만 방송은 죽을 만큼 해봤죠."

즉 김 씨는 방송은 먹고사는 일이라 죽을 만큼 최선을 다했지만 야구는 취미니 다르다고 말한 것이다.

옳은 말이다. 그렇다면 우리는 어떤가? 혹시 먹고사는 일은 취미처럼 하고, 취미는 먹고사는 일처럼 하고 있지 않는가? 한번쯤 되물어볼 일이다.

05
행복 텃밭을 가꾸어라

나는 아파트가 아닌 주택에 산다. 요즘 유행처럼 텃밭 만들기가 인기다. 다들 작은 공간에라도 상추, 고추, 케일, 토마토, 부추 등 다양한 채소를 심고 가꾸는 데 열심이다. 한번은 우리 마당 텃밭에 있는 채소들이 쑥쑥 자라는 것을 보고 동네 어른이 말씀하셨다.

"농작물은 원래 농부의 발소리를 듣고 자랍니다. 주인장의 손길이 자주 가니까 잘 자라네요! 참 보기 좋습니다."

그 말을 듣고 나는 행복에 대한 작은 공식을 깨닫게 되었다. 행복은 어디서 떨어지는 것이 아니라 가꾸어가는 것이라는 단순하지만 진리에 가까운 깨달음, 동시에 행복도 자연의 이치에서 벗어나지 않는다는 깨달음이었다.

실제로 자연의 법칙에 어긋나는 행복은 없다. 순리를 따르고 때를 기다려야 한다. 이것을 거슬러 오는 행복은 없다.

정관수가 행복을 키운다

그렇다면 어떻게 행복 텃밭을 잘 가꿀 수 있을까? 이것도 진짜 텃밭을 가꾸는 것과 다르지 않다. 여기에는 정관수라는 물을 주어야 하는데, 여기서의 정관수는 정성과 관리, 믿음을 상징하는 단어다.

첫째, 정이다.

여기서 정은 정성을 뜻한다. 정성본(精誠本)이라는 말이 있다. 무엇을 키울 때 가장 기본은 정성이다.

그렇다면 정성이란 무엇일까? 바로 아낌없이 주는 마음이다. 심지어 하찮은 채소에도 아낌없이 마음을 주어야 한다. 따라서 행복 텃밭을 가꾸려면 마찬가지로 자기 인생에 아낌없는 정성을 주어야 한다. 성성을 먹고 자란 야채가 풍성하게 자라듯이, 정성을 먹고 자란 인생의 텃밭은 우리를 배반하지 않는다.

둘째, 관이다.

이는 관리를 뜻한다. 텃밭이 가장 무서워하는 것은 잡초다. 잡초는 성장 속도가 빠르기 때문에 조금만 방심해도 이내 텃밭을 뒤덮고 만다. 행복 텃밭도 마찬가지다. 수시로 피어오르는 의심과 불안, 자포자기 같은 심정적 잡초들을 제때 제거해주어야 한다. 뿐만 아니라 채소가 쓰러지면 세워주고, 때가 되면 해충도 잡아주어야 한다. 결국 진짜 텃밭이건 행복 텃밭이건 그 풍성함을 결정짓는 가장 큰 힘은 성실함이다.

셋째, 수다.

이 수는 말 그대로 물을 말한다. 물은 채소의 성장에 없어서는 안 되는 것이다. 그렇다면 행복 텃밭에 필요한 물은 무엇일까? 바로 믿음이다. 농부가 밭에 자라는 채소가 곧 결실을 맺으리라고 믿는 것처럼 행복 텃밭에 가장 필요한 물은 "내 인생은 행복해질 것이다!"는 믿음이다. 믿음을 먹고 자라는 텃밭에는 웃음이라는 열매가 열린다.

행복의 계단을 올라라

성공과 행복은 결국 계단을 오르는 일이다. 일본의 한 장어구이 집은 1848년 찻집으로 시작해 6대째 160년 전통을 이어오고 있다. 그런데 독특한 것은 이들이 장어 요리를 제대로 배우려면 40년이 걸린다는 신념을 꿋꿋이 유지하고 있다는 점이다. 장어 요리하는 데 무슨 40년이냐고 되물을 수도 있겠지만 이들은 장어 꼬치 꿰는데 3년, 배 가르고 뼈 발라내는 데 8년, 굽는 데 20~30년 걸린다고 설명한다. 지금도 이 가게는 갓 요리한 장어가 식지 않도록 손님 집까지 뛰어다녔다는 100년 전 선대 회장의 정신을 받들어 단골들의 극진한 사랑을 받고 있다.

행복 인생으로 가는 길목에는 두 갈래 길이 있다. 차근차근 밟아가는 계단 인생과 거침없이 올라가는 엘리베이터 인생이다. 어느 길을 가느냐는 선택이지만 결국 그 성공이 행복하려면 한 계단 한 계단 쌓아나가는 과정 자체를 즐길 수 있어야 한다는 점을 기억하자.

06
성공 식스팩을 구축하라!

지금부터 여러분과 신나는 콘서트를 하나 열어볼까 한다. 이름 하여 '긍정 콘서트' 이 콘서트는 유명한 연예인들이 필요하지 않다. 여러분 스스로 하는 셀프 콘서트다.

나는 성공학 교수가 된 뒤 하나의 큰 수확을 얻었다. 삶에 대해 강력한 긍정을 구축하게 되었다는 점이다. 실로 나는 방송과 강의를 통해 연간 수 만 명에 달하는 사람을 만난다. 그리고 성공했거나 행복한 이들은 모두 긍정적인 태도를 유지하고 있다는 점을 재확인할 수 있었다.

긍정적이면 오래 산다

재미있는 조사 결과가 하나 있다. 미국의 한 대학이 여성 180명을 대상으로 연구해보니 긍정적 감정을 많이 가진 여성들이 그렇지 못한 여성들보다 10년 이상 오래 살았다는 것이다.

실험의 과정은 이러했다. 일단 75세에서 95세의 여성들을 모집한 다음 이들이 20세 초반부터 직접 쓴 일기나 자서전에서 긍정적인 감정의 수를 세어 사망률을 비교해본 것이다.

그 결과 긍정적인 감정을 더 많이 경험한 여성의 경우 10년 정도 더 오래 살았으며, 긍정적 감정이 비교적 적은 여성들은 연구가 진행되는 동안 25명이 사망한 것에 반해 긍정적인 감정이 많은 그룹에서 세상을 떠난 여성들은 오직 10명뿐이었다.

종이 토크로 긍성의 미력을 높여라

그렇다면 긍정적인 감정을 항상 유지하려면 어떻게 해야 할까? 여기에 필요한 것이 앞에서 소개한 긍정 콘서트다. 나는 이 작업을 종이 토크(talk)라고 부른다. 준비물은 A4 용지 한 장이면 족하다. 종이 위에 다음의 항목에 걸맞은 것들을 적어가는 것이다.

첫째, 好(호)다.

나는 새로운 일을 할 때마다 그 일이 어떤 면에서 좋은지 종이 위에

쭉 적어본다. 자신감을 찾고 그 일에 최선을 다해 임할 수 있는 열정과 힘을 북돋는 일이다.

둘째, 愛(애)다.

그렇게 종이에 적은 그 일의 장점을 반복적으로 읽다 보면 놀라운 감정 하나가 생겨난다. 바로 그 일을 사랑하게 되는 것이다. 마치 열애처럼 빠져드는 것으로, 일종의 몰입이라고 생각하면 된다. 몰입의 상태에 다다르면 마음에서 긍정의 싹이 자라게 된다.

셋째, 情(정)이다.

이렇게 무엇인가를 열심히 사랑하다보면 열정이라는 새로운 활력소가 생기게 된다. 이 열정은 긍정을 만드는 일종의 원기소이며, 이 활력제 덕분에 무슨 일에든 열심히 임할 수 있게 된다. 이 과정을 거치면 내안의 부정적인 생각이 사라지게 된다.

넷째, 肯(긍)이다.

앞선 3박자를 자연스럽게 밟다보면 온몸에 긍정적인 마인드가 강력하게 퍼지게 된다. 긍정적인 사고가 신체의 일부처럼 체화되는 것이다. 나는 이것을 배에 생기는 탄탄한 식스팩과 비교해 긍정팩이라고 부른다. 이렇게 몸에 강력한 긍정 식스팩이 생기면 긍정의 마력이 쉽게 사라지지 않고 일정한 근력을 유지하게 된다.

긍정도 관리가 중요하다

다만 명심할 부분이 있다. 아무리 멋진 식스팩도 지속적으로 관리하지 않으면 사라지게 마련이다. 긍정의 식스팩도 마찬가지다. 긍정의 근력을 유지하려면 긍정하는 훈련을 지속적으로 해나가야 한다. 다음은 한 전문기관에서 실시한 긍정성 훈련이다.

일단 실험팀은 A, B 두 집단을 선정해서 A집단에게 10주 동안 일주일에 한 번씩 감사하게 생각하는 것을 5가지 적게 했다. 반대로 B집단에게는 일주일에 한 번씩 골칫거리 등을 5가지 적게 했다.

그 결과는 예상대로였다. 좋은 생각을 종이에 적어내린 A집단이 B집단에 비해 삶에 대해 보다 낙관적이고 만족하는 경향이 높았고, 심지어 건강 상태도 좋아지고 숙면을 취하는 것으로 나타났다.

이것을 바탕으로 우리도 긍정 노트를 만들어보자. 기벼운 노트를 구입해 표지에 '긍정 노트'라고 적고, 매일 일기처럼 긍정 거리를 담아보자. 일단 시작해서 일정한 기간이 지나면 성공하는 인생을 유지해수는 단단하고 보기 좋은 식스팩이 하나씩 구축되는 것을 느낄 것이다.

07
모범생이 아니라
모험생이 되어라

독일의 재상이었던 비스마르크가 어느 날 친구와 사냥을 나갔다. 사냥감을 찾아 헤매던 친구가 그만 실수로 늪에 빠지고 말았다. 총을 내밀어도 닿지 않고, 친구는 점점 늪 속으로 빠져들고 있었다. 과연 비스마르크는 어떻게 했을까?

놀랍게도 비스마르크는 총알을 장전해서 친구를 위협하며 총을 겨누었다. 놀란 친구는 안간힘을 다해 총을 피하려고 이리저리 움직였고, 가까스로 늪 가장자리로 빠져 나올 수 있었다. 놀란 친구가 곧바로 비스마르크에게 왜 총을 겨누었다고 따졌다. 그러자 비스마르크는 이렇게 말했다.

"난 자네에게 총을 겨는 게 아니라 좌절하고 체념하는 자네의 나약

함에 총을 겨눈 거라네."

빈틈을 파악하라

미국의 한 장난감 가게에서 있었던 일이다. 매출이 영 신통치 않자 가게 주인은 궁리에 궁리를 거듭했다. 상품 진열도 다시 해보고 매장 단장에도 신경을 썼다. 그럼에도 별 효과가 없자 안 되겠다는 마음에 전문가를 만나 상담을 신청했다.

마침내 전문가가 찾아와 가게를 둘러보게 되었다. 가만히 살펴보니 제품들은 잘 진열되어 있었는데 이상한 점이 있었다. 장난감들이 모두 어른 눈높이로 진열되어 있는 것이다. 결국 전문가는 이렇게 조언했다.

"아이들은 키가 작아 상품이 눈에 잘 띄지 않을 것입니다. 진열을 아이들 눈높이로 맞춰보세요."

얼마 후 이 장난감 가게는 성업을 맞이했다.

16세의 나이에 트렁크 가방 회사를 차려 미국 매출 1위를 자시했던 가방 판매상 슈 웨이더 이야기도 놀랍다. 슈 웨이더의 아버지는 장사에 소질이 없었다. 그는 처음에 뉴욕에서 잡화상으로 사업을 시작했지만 별 재미를 보지 못해 시카고에서 다른 장사를 하다가 실패했고, 이후 여러 곳을 전전하다가 마지막으로 덴버에 정착해 채소 가게를 열었으나 결국 빚만 잔뜩 얻어 야반도주를 작정했다. 이때 슈 웨이더가 "아버지, 점포를 저한테 맡겨주시겠어요."라고 말했다.

덴버는 미국에서 유명한 휴양지로서 관광객이 많이 찾는 곳이었다.

138

슈 웨이더는 매일 채소가게 앞에 앉아 거리를 지나가는 휴양객들을 관찰하기 시작했고, 결국 한 가지 사실을 깨달았다. 역에서 내린 관광객들은 깨끗한 새 트렁크를 가져오는데, 돌아갈 때는 트렁크가 거의 망가져서 벨트나 끈으로 묶어서 들고 가는 형편이었다.

이것을 본 슈 웨이더는 고심 끝에 가방 가게를 열었다. 물론 트렁크는 날개 돋친 듯이 팔렸다. 처음에는 나이 어린 소년에게 납품을 꺼렸던 트렁크 회사들도 나중에는 서로 경쟁하듯 신제품을 공급했고, 불과 2년 만에 슈 웨이더 상회는 매출 1위의 가게로 성장했다.

이왕이면 앞서 모험하라

한 목재회사에서 벌목공 채용 광고를 냈다. 채용 자격은 "건강하고 도끼질에 능숙한 사람"이었다. 자신에게 적합한 일이라고 판단한 스미스라는 남자가 이곳에 이력서를 제출했고, 그는 며칠 후 신체검사와 면접을 거쳐 가장 우수한 성적으로 채용에 합격했다.

근무 조건은 처음에는 동일한 급여로 시작해 작업량에 따라 연봉을 달리 하겠다는 것이었다.

작업장에 투입된 스미스는 물 마시고 밥 먹는 시간까지 아껴 일했다. 단연 그는 직원들 가운데 가장 열심이었고, 연봉도 최고였다. 그러나 언제부턴가 그보다 연봉을 많이 받는 딱 한 사람이 생겼다.

그 동료의 이름은 프랭클이었는데 스미스로는 그의 실적을 도저히 믿을 수 없었다. 그는 간간이 수돗가로 물도 먹으러 가고 점심도 천천히 먹었으며 때때로 휘파람까지 불며 설렁설렁 일하는데도 스미스보다 훨씬 많은 나무를 쌓고 있었다.

어느 날 어찌된 영문인지 궁금해진 스미스는 프랭클을 찾아가 어떻게 그렇게 많은 작업을 할 수 있냐고 물었다. 그러자 프랭클은 친절하게도 자신은 휘파람을 불면서 틈틈이 도끼날을 갈았다고 답했다. 이후 스미스도 자주 도끼날을 갈기 시작했고, 그의 작업량도 더 늘어나게 되었다.

그러던 어느 날 관리 사무소에서 스미스를 불렀다. 연봉을 올려줄 것이라고 예상한 그는 반갑게 사무실 문을 열고 들어갔다. 그런데 놀랍게도 상사가 내민 흰 봉투 속 내용물은 해고통지서였다.

스미스는 믿을 수 없는 심정에 소리를 버럭 지르며 "어떻게 이럴 수 있습니까? 저는 지금까지 물먹는 시간도 아껴가며 열심히 일했습니다!?" 라고 소리쳤다.

그때 상사가 말했다.

"스미스 씨, 잠깐 문을 열어 보시겠습니까?"

과연 밖에선 무슨 일이 일어났을까? 스미스가 문을 열어보니 밖에서는 나무를 베는 전기톱과 중장비 소리가 요란하게 울려 퍼지고 있었다. 그런데 놀라운 것은 그 중장비를 다루고 있는 사람은 프랭클이었다. 그가 또 한 발 앞선 것이다.

유연성을 키워라

고든이라는 사람이 꿀벌과 파리 실험을 한 적이 있었다. 캄캄한 장소에서 꿀벌과 파리를 잡아 밑면을 제외한 차광 유리병 속에 넣어 병 밑면을 빛이 있는 창문 쪽으로 놓아둔 것이다. 과연 꿀벌과 파리 중 누가 먼저 밖으로 나왔을까?

아마 당신은 부지런한 꿀벌이 먼저 나왔을 것이라고 생각했을 것이다. 하지만 생각과 달리 먼저 병에서 나온 것은 파리였다.

꿀벌의 경우 빛을 쫓는 속성은 파리와 비슷하지만 '어둠 속에서 출구를 찾는 길은 빛이 있는 쪽으로 가야 한다.'는 논리적인 사고가 강해서 지쳐 죽을 때까지 출구를 찾지 못한다.

하지만 파리는 어느 정도 시행착오를 거치면 반대쪽 병 입구를 통해 빠져 나온다. 마찬가지로 우리도 지식과 지능, 경험이 풍부할수록 오히려 더 큰 장벽을 만난다. 잘 안다고 믿어 눈앞에 닥친 환경에 '과거 식'으로 대응하다 패배하는 것이다.

성공하는 사람들은 생각이 다르다. 이들은 '빚'이란 단어에서도 점 하나를 찍어 '빛'으로 바꿔낸다. 생·조·개·구·이(生·早·改·求·異)라는 신조어가 있다. 살아남으려면(生) 빨리(早) 바꾸고(改) 새로운 것(異)을 구해야(求) 한다는 이야기다.

'틀'을 과감히 깨는 아이볼류션(I-volution)에 적극 나서라. 그러자면 이제 모범생이 아닌 모험생으로 거듭나야 한다.

08
명품인생을 위한
'아이브러리'를 만들어라

부자 집에는 있고, 가난한 집에는 없는 것은? 정답은 글 말미에 소개하셨나.

많은 이들이 나에게 이런 질문을 던진다. "어떻게 평범한 직장인에서 이렇게 180도 변신할 수 있었습니까?"

나는 이런 질문에 이렇게 답한다.

"이제 자기계발로는 부족합니다. 자기 혁명이 필요합니다."

혁명이란 기존의 방식을 뒤집는 작업이다. 그러자면 예전의 방식을 버리고 새로운 방식을 접목해야 하는데 이게 만만한 작업이 아니다.

따라서 변신을 도모하려면 반드시 나만의 공간을 확보해야 한다. 즉 일터에서 돌아와 자기 혁명을 시도하는 영혼의 도서관이 필요한 것이다. 나는 이것을 아이브러리(I brary)라고 칭하는데, 영어 I와 Library를 합성한 것으로 '나의 서재'를 말한다.

인생의 베이스캠프를 쳐라

"서재는 무슨 서재야! 먹고 살기도 바쁜데!" 하는 생각이 드는가? 그렇다면 다소 원초적인 질문을 하겠다. 당신에게 성공이란 무엇인가? 나는 성공을 하나의 성취라고 믿는다.

그렇다면 성취란 무엇인가? 자신이 하는 일로 정상에 오르는 것을 말한다. 그렇다면 여기서 정상은 또 무엇을 뜻할까?

우리나라는 등산 강국이다. 히말라야 산맥에 있는 8천 m가 넘는 고봉 16좌를 완등한 사람이 2명이나 있다. 바로 (故) 박영석 대장, 엄홍길 대장이다. 에베레스트 등산 원정대를 상상해보자. 이들이 에베레스트 정복을 위해 가장 먼저 하는 일은 원정대를 꾸려 훈련을 마치는 것이다. 또한 에베레스트 산 아래 도착해서는 가장 먼저 베이스캠프를 치고 이곳에서 전략을 구상하고 움직임을 컨트롤한다.

비단 산이 아니라도 각자의 삶의 정상에 오르려면 마찬가지로 가장 먼저 베이스캠프를 쳐야 하는데, 아이브러리가 바로 그 역할을 한다.

가지고 있는 공간만으로도 충분하다

만일 "우리 아파트는 평수가 작고 방이 3개밖에 없는데 어디에 서재를 만들지?" 싶은가? 이것은 한갓 핑계에 지나지 않는다. 아이브러리를 만들 곳이 분명히 있다. 대표적으로 거실이다.

말 그대로 거실을 서재로 바꾸는 것인데, 정 중앙을 차지한 TV를 빼고 그 자리에 작은 책상과 의자를 놓아 집중할 수 있는 환경을 만들면 된다. 책과 두툼한 노트가 있으면 좋고, 벽에는 자신의 이름을 따서 '누구누구의 서재'라고 공표하는 것도 중요하다.

내 멘티인 자기경영 전문가 손용규 박사는 3년 전 작은 혁명 하나를 이루었다. 50평 규모의 아파트를 구입하고 방 하나를 서재로 만들었다. 그런데 이것을 본 큰 아이가 자기도 서재를 만들어달라고 조르는 통에 고심 끝에 거실에서 TV를 없애고 책장을 짜서 넣어 서재를 만들어주었다.

그런데 문제가 또 생겼다. 작은 아이도 서재를 만들어달라고 조르기 시작한 것이다. 그런데 아무리 궁리해도 그 만한 공간을 만들 수 없었다. 그러던 어느 날 아이니어 하니기 떠올랐다. 바로 소파가 자리한 공간이었다. 손박사는 과감한 결단으로 소파를 빼내고 그곳에 작은 아이의 서재를 만들었다.

이후 어떤 변화가 일어났을까? 이제 S박사의 가족은 더 이상 TV를 보지 않는다. 대신 각자 자신의 서재에서 공부를 하거나 책을 보게 되었다.

인생도 분리수거가 필요하다

그렇다면 이렇게 만든 아이브러리에서는 무엇을 할 것인가? 바로 인생을 가다듬고 정리하는 일종의 휴지통을 만들어야 한다. 하지만 이 휴지통은 보통 휴지통이 아니다. 아이브러리에 필요한 휴지통(休智通)이란 무엇일까?

첫째, 休(휴)

나만의 공간을 가지면 좋은 것은 휴식력(休息力)을 키울 수 있기 때문이다. 집에 돌아와 TV랑 노는 대신 이곳에서 지적(知的)인 휴식의 시간을 가져보는 것이다. 이는 최고의 질을 자랑하는 휴식이며, 안식의 시간이기도 하다.

일단 자리에 앉아 하루 동안 있었던 일을 반추하면서 머릿속 생각을 가감승제 (+ - × ÷)해보자. 삶과 일의 생산성을 위해서 무엇을 더하고 빼고 곱하고 나눌지를 되짚어보는 것이다. 단언컨대 이 시간이 많으면 많을수록 그 사람의 경쟁력도 커지기 마련이다.

둘째, 智(지)

지력(智力)은 위기를 헤쳐가고 삶의 질을 높이는 데 반드시 필요한 능력이다. 일터에서 얻은 知를 더 넓은 智로 확대해 지식 벨트를 만들어야 한다. 어린 시절에 태권도를 배울 때 파란 띠 ➡ 빨간 띠 ➡ 검은 띠로 승급했듯이, 지식 벨트도 나날이 발전하고 확대될 수 있다.

새로운 아이디어나 좋은 생각이 있으면 기록하고 정리하며, 책과 신문 읽기도 게을리 해서는 안 된다. 나이가 들면 체력은 퇴색한다. 나아가 지력도 마찬가지이다. 21세기 지식기반 시대에는 지력이 약해지면 살아남기 어렵다는 점을 기억하자.

셋째, 通(통)

직장인들의 단점 중에 하나는 세상을 바라보는 시선의 폭이 좁다는 점이다. 사실상 자기 업무에만 몰두하다보면 세상 물정에 어두워지는 것이 인지상정이다. 따라서 일과를 끝낸 뒤 이곳에서 세상과 소통하면서 어두운 물정에 가로등을 켜야 한다. 세상이 어떻게 돌아가는지 그 큰 틀과 미래를 읽고 앞으로 무엇을 어떻게 할 것인지를 고민하고, 나아가 평소에 소통하지 못한 사람들과 이메일도 주고받아라. 이렇게 꾸준히 소통하다 보면 말 그대로 세상을 4通(통) 8達(달)하게 된다. 이제는 소통이 만사(萬事)인 세상이나. 소통해야 창의적인 사고도 가능하고 자신의 삶도 굳건하게 구축할 수 있다.

아이브러리는 결코 사치가 아니라, 자신과 가정의 혁명을 완수하기 위한 첫걸음이다. 앞서 부자 집에는 있고, 가난한 집에는 없는 것에 대한 문제를 냈다.

그 답은 바로 서재다. 나는 부자인가? 가난한가? 이 모드를 바꾸는 것은 간단하다. 바로 아이브러리를 만드는 것이다. 서재가 굳건히 들어선 집은 가난도 피해 간다.

09
샐러터스에 도전하라

나는 20년간 직장생활을 하면서 별난 상사들을 많이 만났다. 그중에 홍보 업무를 맡았던 시절 만났던 상사 이야기를 해보겠다.

그 상사는 별난 직장인으로 소문이 자자했는데 주기적으로 자신의 책을 출간했기 때문이다. 실로 그는 주로 기업 문화와 커뮤니케이션에 관한 책을 퇴직할 때까지 20여 권이나 냈다. 그리고 퇴직을 한 지금도 그 분야에서 전문가로서 자신의 몫을 제대로 하고 있다.

당시 나는 그런 그의 모습을 보면서 부러워도 하고 시기도 했다. 속으로 "나도 책을 낼 수 있으면 좋을 텐데" 생각했다. 그 덕인지 몰라도 이제 나 역시 칼럼니스트로서 지금까지 10여 권의 책을 출간했다.

글 쓰는 직장인, 샐러터스

왜 갑자기 이런 화두를 꺼낼까 궁금하다면 호모 라이터스(Homo Writers)라는 단어를 떠올려보자. 이것은 '글 쓰는 인간'을 뜻하는 용어다. 이 장에서는 여러분에게 다소 파격적인 제언을 하겠다. 바로 샐러터스(Salaters)에 도전하라는 것이다. 이 샐러터스는 내가 만든 조어로서 Salaryman+Writers를 합성한 것이다. 즉 글을 쓰거나 책을 내는 직장인을 뜻한다.

직장을 다니는 이들에게 원고를 청탁하거나 책을 내라고 하면 대부분은 긴장하거나 자신과 무관한 일이라고 생각한다. 하지만 여기서 책을 내라는 것은 출간과는 별개로, 자신이 일로 쌓은 경험이나 지식, 또는 세상에 하고 싶은 이야기를 정리해보라는 의미이다.

그렇다면 어떻게 샐러터스에 입문할 수 있을까? 물론 책 한 권 내는 것이 말처럼 쉬운 일은 아니다. 대략 마음먹고 시작해도 6개월은 족히 걸린다. 그러나 걱정할 필요는 없다. 세상에는 나름 노하우라는 것이 있다. 여기서 여러분이 올 연말에 한 권의 책을 낼 수 있도록 비방을 하나 소개하겠다.

샐러터스 워크숍 8단계

책을 내려면 우선 준비운동이 필요하다. 앞서 언급한 내 상사는 그냥

148

뚝딱 책을 내는 것처럼 보였다.

하지만 알고 보니 천만의 말씀이었다. 회사 홈페이지에 일주일에 1회씩 기고했던 원고를 모아 출간하는 것이었다.

바로 이것이 보통 직장인이 책을 출간 할 수 있는 최고의 비방이다.

그러면, 지금부터 샐러터스 워크숍을 시작해보겠다. 소위 필통(筆通)되기다. 다소 어렵더라도 따라오면 좋은 결실을 볼 수 있을 것이다.

첫째, 아이템 정하기

이 단계는 쓰고자 하는 주제를 정하는 일이다. 그 주제를 찾는 가장 좋은 방법은 지금 하고 있는 직무를 살피는 것이다.

가령 하는 일이 홍보 업무라면 기업문화, 업장동(業場動), 기업혁신, 사내 커뮤니케이션 등을 다뤄도 좋다.

이게 어렵다면 평소 관심을 갖고 열심히 대화를 나누는 내용이 주제가 될 수도 있다. 내가 자신 있게 말할 수 있는 그 무엇이 주제가 되고 이야깃거리가 된다.

둘째, 읽기

글을 쓰는 작업은 하나의 모방 작업이다. 따라서 샐러터스가 되려면 일단 모방을 잘해야 하는데, 이것을 잘하는 가장 좋은 방법은 읽는 것이다.

그렇다면 무엇을 읽을 것인가? 시중에 나와 있는 베스트셀러도 좋고, 좋아하는 작가의 책을 지속적으로 읽어도 좋다. 이것이 어렵다면 신문의 사설이나 저명한 인사의 칼럼도 좋다.

이처럼 읽기를 강조하는 것도 이유가 있다. 읽는 것은 두뇌에 자료를 저장하는 작업이자 글 쓰는 패턴을 몸에 체화시키는 일이다. 즉 글을 쓰는 시스템을 구축하는 일이다. 이것이 잘 구축되면 전문 작가처럼 글 쓰는 일도 어렵지 않게 된다.

셋째, 따라잡기

따라잡기란 남의 글을 그대로 써보는 필사를 의미한다. 가장 좋은 방법은 신문 사설을 따라 써보는 것인데 대략 30일 정도 써보는 게 좋다. 이런 작업을 연속적으로 하다보면 하나의 글쓰기 패턴을 익히게 된 것이다.

다음엔 그곳에 첨삭을 한다. 내 생각을 넣어도 좋고, 아니면 글 일부를 삭제하고 내 글로 변형해도 좋다. 하나의 샘플 원고로 가감승제를 하는 셈이다. 남의 쓴 뼈대에 내 생각의 살을 붙이는 작업도 30일 연속으로 해야 효과를 볼 수 있다.

넷째, 쓰기

여기서 글을 쓰라는 것은 전문작가가 되라는 의미가 아니다. 샐러터스가 되는 것은 전문작가라는 목표와는 별개로, 내 생각을 정리해 하나의 형식으로 매듭짓는 작업을 뜻한다.

멋진 글이 아니더라도 당신만의 생각이나 이야기를 일정한 패턴에 담아보는 것이다. 이것을 전문 용어로는 패턴 라이팅(Pattern Writing)이라고 한다.

다섯째, 올리기

글을 썼다면 보여줄 공간이 필요하다. 그곳이 사내 홈페이지면 좋지만, 어렵거나 기회가 주어지지 않는다면 블로그를 직접 만들어 올리면 된다.

중요한 것은 온라인상에 올려야 한다는 사실이다. 특히 주기적이고 공개적인 곳이면 더 좋고, 마감이 있다면 금상첨화다. 마감의 힘으로 어쩔 수 없이 쓸 수 있기 때문이다. 대략 주기적으로 10회 정도 기를 쓰고 올려보면 성취감과 자신감 같은 내공이 쌓인다. 물론 이것도 지속적으로 해야 한다.

여섯째, 묶기

이 일은 매듭을 짓는 단계이다. 만일 한 사이트에 52주 연속, 즉 1년 정도 지속적으로 기고했다고 치자. 이 원고를 일목요연하게 정리해 묶으면 1차적인 출간 준비가 된다.

도자기로 말하자면 초벌구이인 셈이다. 이 초벌구이는 아주 중요하므로 이것을 주위 동료나 사내 전문가에게 보여주고 평가를 받아보는 것도 좋다.

이후에는 이들의 조언과 아이디어를 바탕 삼아 다듬고, 프린트를 해서 책의 형태로 가제본을 해보는 것도 좋다.

일곱째, 들이대기

이 단계는 출판사를 찾아 책을 출간하는 시기이다. 그러려면 묶은 내용 즉 가제본을 바탕으로 목차를 구성하고 '왜 이 책을 내야 하는지', '이런 이야기를 하고 싶다.', '이것을 쓰게 된 배경이나 동기' 등을 바탕으로 출간기획서를 만들어야 한다.

이것이 작성되면 출판사에 제안해서 출판 계약을 해라. 여기에 성공하면 한 권의 책을 내는 작업 중에서 8부 능선을 넘은 셈이다.

여덟째, 출간하기

계약이 성사되었다면 이제 쓴 내용을 출간 의도에 맞게 재정리해야 한다. 자료를 보충하고 다듬어 더 읽기 쉽게 만드는 것이다. 그러려면 대략 3개월 정도 시간이 필요하다.

이 단계는 막연했던 글을 더 세련되게 메이크업하는 과정인데, 만일 혼자서는 어려우면 전문가의 도움을 받아라.

이렇게 8단계의 작업을 마치면 당신도 어엿한 샐러터스다. 당신의 브랜드를 얻은 것이다. 세상은 브랜드를 가진 이들은 가만 놔두지 않는다. 책을 내고 나면 반드시 세상이 당신을 콜(Call)하는 순간이 다가온다.

실로 일본의 저술왕으로 유명한 나카타니 아키히로 는 19년간 780여 권의 책을 출간했다. 1년에 60권 정도 낸 셈이다.

인간의 능력은 무한하다. 책을 읽는 데 그치지 말고 직접 써보자. 당

신의 경험과 지식을 바탕으로 샐러터스에 도전하면 가히 훌륭한 경험
과 지식을 얻을 것이다.

잘 놀기 위한 실전편

01
잘 쉬는 방법을 알아야 한다

피로는 만사가 귀찮아지는 가장 큰 병이다. 위인전에서 가끔 질병·고령·불구 등의 육체적 한계를 극복하고 대업을 이룬 얘기가 나오는데, 그러니까 위인이라는 말이 절로 나온다. 즉 " 피로한 자는 천하를 얻지 못한다."는 한 CF의 대사는 웃고 넘길 만한 내용이 아니다.

한 조사에 의하면 직장인들에게 퇴근이 늦는 이유를 묻자 '업무가 남아 있어서' (47.5%)라는 응답 비율이 가장 높았고, 기타(22.7%), '직장 상사보다 빨리 퇴근하는 것이 눈치가 보여서' (21.6%), '회사에 열심히 일하는 모습을 보여주기 위해서' (4.4%), '잦은 회식자리 때문에' (3.7%)의 순으로 나타났다.

즉 퇴근 시간이 늦는 가장 큰 이유는 업무 의존성 문제였다. 업무가 갑자기 밀려들어 야간 근무를 하는 경우 등이 그것이다. 하지만 더 일상적이고 만성적인 이유는 따로 있다. 효율적인 업무를 진행하기 위한 역량이 부족한 것, 말하자면 업무 해결 능력이 떨어지는 것이다.

요즘 직장인들은 대개 과중한 업무를 감당하면서까지 직장생활에 몰두하고 싶어 하지 않는다. 휴식 시간을 만들기 위해 가능한 효율적이고 과학적으로 일하기를 바란다. 창조적인 업무를 해내려면 휴식이 필수적이기 때문이다. 이는 비단 직장인들만이 아니라 학생들, 나아가 삶을 즐기려는 모든 이들에게 해당된다. 요즘 시대의 추세는 Hard가 아니라 Smart로 바뀌고 있기 때문이다.

충분한 수면이 스마트한 업무의 근원이다

스마트하게 일하기 위한 조건 중에 하나는 충분한 수면이다.

아마 여러분도 10대, 20대 때 시험공부나 여러 이유로 며칠간 밤을 새운 경험이 있을 것이다. 이때는 생체 활동이 워낙 왕성한 때이므로 잠이 부족해도 큰 문제가 없다. 그러나 30대 이후에는 다르다. 한 통계에 의하면 30대 이상의 경우, 평소보다 1시간 잠을 덜 자면 다음날 업무 수행 능력이 1/3이나 감소된다는 통계가 있다. 또한 일반적으로 수면 시간이 하루 6시간 미만이면 업무 수행 능력이 떨어지고 사망 위험이 증가한다.

즉 반복되는 수면 부족으로 인한 피로는 오히려 업무 능력을 저하시켜 고효율을 불가능하게 함으로서 시간을 빼앗는 결과를 가져온다. 실

158

로 나는 지금껏 피로에 찌들어 있는 사람 치고 성공한 사람을 본 기억이 없다.

물론 성공한 이들 중에도 하루에 3~4시간만 잔다는 이들도 가끔 있긴 한데, 이 경우는 다음 두 가지로 풀이된다. 첫째는 체질적으로 잠이 없는 사람이다. 생각보다 이런 이들이 적지 않다. 나아가 둘째는 죽느냐 사느냐 하는 위기 때나 절호의 기회를 만났을 때, 단기간 잠을 줄인다는 의미이다.

결론적으로 잠을 줄여 시간과 경쟁하겠다는 생각은 가장 미련한(?) 방법이다. 잠잘 시간이 부족할 정도라면 과감하게 업무를 조정해야 한다. 또한 생리적 불면이라면 당장 병원에 가야 한다. 피로라는 것은 결국 도태와 사망에 이르는 길이다. 그럼에도 이 피로를 길들이거나 피로에 길들여지겠다는 생각은 위험한 생각이다.

일과 물리적 거리를 유지하라

충분한 수면이 스마트하게 일하는 첫 번째 기술이라면, 두 번째 기술은 환기(換氣)다. 인간은 죽었다 깨어나도 환경의 지배를 벗어날 수 없다. 탁하고 복잡한 도심에서 환기를 해봐야 그 공기가 그 공기일 터, 환기에 가장 알맞은 장소는 생명의 고향인 물과 숲이 아닐까 싶다.

지난해 겨울 아내의 성화에 못 이겨 경기도의 모 스파에 갔다. 도심에 있는 초호화 스파가 아니라 누구나 갈 수 있는 평범한 곳이었다. 할 일을 산더미처럼 쌓아놓고 여행을 떠나자니 착잡한 기분이었다.

그런데 스파는 그야말로 보도 듣도 못한 세계였다. 물살로 마사지를 하는가 하면 다양한 허브와 한약재를 푼 물에 목욕을 하면서 놀라울 만큼 스트레스가 풀리는 게 아닌가? 그게 진짜 스파의 효능인지 "에라 모르겠다. 여기까지 와서 일 걱정 하나." 하는 배짱 덕인지는 모르겠다. 내친 김에 우리 가족은 그 스파에서 가까운 휴양림에서 하루 더 묵기로 했다. 마침 날씨도 온화한 날, 소나무 숲에서 보낸 한나절은 그야말로 뼛속까지 시원해지는 청량감 자체였다.

그런데 중요한 건 그 다음이었다. 3일 푹 쉬고 머리가 맑아져서인지 오히려 일이 예상한 시간보다 더 빨리 끝난 것이다. 신기한 기분에 스파가 어떤 효능이 있는지 휴양림 소나무의 어떤 성분이 건강에 이로운지를 찾아보려다가 그만두었다. 스파나 휴양림이 제아무리 좋아도 죽을 사람을 살릴 것인가. 중요한 건 일로부터 떠나 있던 시간이라는 생각이 들었다.

눈 뜨는 곳에 일거리를 쌓아두고 마음껏 쉴 수 있는 사람은 없다. 능률이 오르지 않고 생각이 꼬이면 대개 일로부터 떠나라는 육체의 명령이다. 때론 36계 줄행랑이 최고 대책일 때도있다.

Take Time

다음은 천천히 가는 것의 미덕을 노래한 것이다. 잠시 여유를 내서 차근차근 음미해보기를 바란다.

'생각할' 시간을 내세요. 힘의 근원이 됩니다.

'즐길' 시간을 내세요. 영원한 젊음의 비결입니다.

'독서할' 시간을 내세요. 지혜의 근간이 됩니다.

'기도할' 시간을 내세요. 지구상에서 가장 위대한 힘입니다.

'사랑하고 사랑받을' 시간을 내세요. 하느님께서 주신 특권입니다.

'다정하게 대할' 시간을 내세요. 행복으로 가는 지름길입니다.

'웃을' 시간을 내세요. 영혼의 음악입니다.

'베풀어 줄' 시간을 내세요. 이기적으로 살기에는 인생이 짧습니다.

'일 할' 시간을 내세요. 성공하려면 치러야 하는 대가입니다.

'자선을 할' 시간을 내세요. 천국으로 가는 열쇠입니다.

육체에 돈과 시간을 투자하라

정신은 육체의 지배를 받는다. 무언가를 하고 싶다는 욕망을 유지시켜주는 힘은 정신력이 아닌 체력에서 나온다. 피곤하고 병든 사람은 항상 쉬고 싶다는 육체의 요구에 굴복하게 된다. 성공하고 싶다는 욕망이 드러눕고 싶다는 욕망에 굴복하면 성공은 물 건너간 이야기가 된다. 가진 게 없을수록, 밑에서 기는(?) 사람일수록 몸이 튼튼해야 한다.

그런데 다행히도 육체는 돈과 시간을 투자한 만큼 값을 한다. 좋은 음식을 먹고 푹 쉬고 충분히 운동한 사람과 그렇지 못한 사람은 서른만 넘어도 그 차이가 크다.

웰루킹(well-looking) 족이라는 이들이 있는데, 이들은 멋진 삶을 원한다면 먼저 멋진 사람이 돼야 한다고 외친다. 운동으로 다져진 외모가 곧바로 자신감으로 연결된다는 것이다.

거울에 내 모습을 비춰보자. 군살이 붙고 배가 나왔는가? 어쩌면 그건 진짜 당신의 모습이 아닐 수도 있다. 웰루킹 족의 신념대로 보자면, 이 군살 붙은 삶이 진짜 당신의 삶이 아닐 수도 있다는 뜻이다.

주관식 문제를 하나 내겠다. "당신이 갖고 있는 최고의 자산은?"

그것은 돈도 아파트 등 부동산도, 채권도 주식도 아닌 바로 '당신'이다. 당신이 당신의 최고 연장이고 최고 강력한 도구이다.

쇠 한 조각에 자력이 흐르면 자기 무게의 12배에 달하는 물건을 들어 올릴 수 있다. 최고의 자산인 육체의 자력을 관리하기 위해 잘 쉬는 기술을 익혀라! Take Time!

02
휴가를 리메이킹하라!

휴가에 관한 한 우리나라에는 두 종류의 사람이 있다. 하나는 '무얼 할까' 고민하는 고민형이고, 다른 하나는 '기다렸다' 는 듯 행동하는 행동형이다.

인생을 영어로 표기한 'Life' 를 자세히 보면 재미있는 사실을 알 수 있다. 단어 안에 'if' 라는 단어가 들어 있다는 사실이다.

이는 우리 인생이 '상수' 가 아닌 '변수' 로 결정된다는 것을 보여준다. 어떤 정해진 공식이나 궤도가 아닌 가정과 선택으로 이루어진다는 의미다.

개미보다 베짱이가 되어라

여름 휴가철의 빡빡한 고속도로 체증은 휴가를 방해한다. 그런데 이렇게 차가 막히는 이유는 다른 게 아니다. 다들 동해로 서해로 남해로 가기 때문이다. 행선지 문제 외에 휴가를 대하는 태도도 마찬가지다. 어떤 마음으로 휴가를 떠나야 행복할까?

단적으로 '개미 콤플렉스'에서 벗어나면 된다. 개미보다는 베짱이가 되는 발상의 전환이 필요하다. 열심히 일해서 노는 것이 아니라, 열심히 놀아야 해야 할 일이 생긴다고 믿어야 한다.

다음은 여름휴가를 재정립하는 'Remaking 6 - Up'이다. 이 단계를 당신의 것으로 실행해보자.

첫째, Family를 0순위에 올려라

휴가 리메이킹 0순위는 가족이다. 가족은 영어로 Family다. 이것을 풀어보면 'Father And Mother I Love You'다. 즉 가정이란 "엄마와 아빠가 사랑해요!"를 하는 곳이다. 흔히 나는 좋은 부부관계가 성공의 기본이라고 강조한다. 실로 진정한 성공은 한 이불 속에서 나온다.

하지만 가족들과 휴가를 즐기는 방법이 쉽지만은 않다. 어디를 갈까, 어떻게 즐길까 막막하기만 하다. 그때 나는 '나작지 운동'을 권한다. "나(I)부터", "작은(Small) 것부터", "지금(Now)부터" 해나가는 것이다. 거창한 것보다는 실행 가능한 작은 것을 이 순간부터 해나가는 것이다.

164

둘째, 수집을 넣어라

세상에서 가장 오래된 취미 중에 하나가 '수집'이다. 정말로 강력 추천하고 싶은 취미이다. 그렇다고 당장 '수집 마니아'가 되라는 건 아니다. 단지 휴가를 빌어 수집에 대한 마인드를 조성하자는 것이다.

수집에는 원칙이 하나 있다. "정말 별것 다 모은다."는 소리를 들을 정도로 닥치는 대로 모으는 것이다. 이런 말이 있다. "하얀 도화지 위에 그림을 그리면 내 그림이요, 황무지에 말뚝을 박으면 내 땅이다." 무엇이든 마음에 쏙 드는 것이 있으면 수집을 해보자. 생각보다 중요한 물질적 자산이 될 수도 있고, 빡빡한 삶에 빈틈과 여유를 만들어줄 수도 있다.

셋째, 지식 캠프를 쳐라

필자는 10년 이상 다소 기묘한 가족 습관을 유지해오고 있다. 한 달에 한 번 정도 함께 집 인근의 공공도서관에 가는 것이다. 그곳에서 반나절 정도 책을 읽는데, 이른바 가족과 함께 하는 지식 캠프다. 이 캠프의 장점은 무궁무진하다.

일단 경비가 들지 않는다는 점, 가족과 마주보고 이야기를 나눌 수 있다는 점, 다 함께 책을 가까이할 수 있다는 점 등이다. 행복한 가족 휴가는 먼 곳에 있지 않다. 그저 가장을 중심으로 무언가 의미 있는 것을 지속적으로 해나가면 된다. 특히 지식 습득과 가족 친목을 동시에 잡는 도서관 베이스캠프는 휴가철에 할 수 있는 가장 '남는 장사'일 것이다.

넷째, 추억에 투자하라

한 대기업 간부사원인 M씨는 3년 전부터 「우리 집 문화유산답사 신문」이라는 가족신문을 발행하면서 때가 되면 꼭 이것을 출판하겠다는 의지를 품고 있다. K씨는 매년 가족들의 휴가 모습을 이야기로 만들어 컴퓨터에 담고 있다. 그동안 가족들이 다녀온 휴가 이야기를 모아 책을 만들겠다는 생각에서다.

비단 방법과 아이디어가 이것뿐이겠는가? 하다 못해 사진만이라도 잘 정리해두고, 작은 메모만 남겨도 좋다. 미래에 대한 투자만 훌륭한 투자가 아니다. 행복한 인생을 위한 또 하나의 투자처는 자신과 가족들의 역사와 추억이라는 점을 기억하자.

다섯째, 쓸데없는 약속을 지워라

새로운 휴가를 즐기기로 결심했다면 우선 쓸데없는 약속을 하거나, 그 약속을 지키려고 안간힘을 쓰시는 안 된다. 가족과 떠나기로 한 날에 본래 다른 일들이 잡혀 있다면 그 휴가는 결코 즐거울 수 없다. 따라서 휴가철에 요구되는 약속의 유혹에 단호하게 'NO!'라고 말할 수 있어야 한다. 'NO!'라고 말해야 이 기간을 휴가의 여유와 놀이에 집중할 수 있다.

여섯째, 두꺼비집을 내려라

우리 집은 얼마 전 거실에서 TV를 치웠다. 가족이 모일 때 TV를 보지 않기 위해서다. 「애들아 아빠랑 놀자」의 저자 서진석 씨는 "TV만 꺼도 좋은 아빠 역할의 절반은 한 셈"이라고 말한다.

비록 집에서 휴가를 보낸다 해도, 그 기간만큼은 나 자신과 가족, 다시 말해 진짜 현실 속으로 돌아와 보내야 한다. 대부분의 사람들이 휴가철이 되면 TV 앞에 매달려 지낸다. 하지만 TV를 꺼야 비로소 자신이 보이고, 가족이 보인다. 눈에 보여야 대화든 싸움이든 사랑이든 할 수 있지 않겠는가?

오늘 이 순간을 위해 살아라

어떤 남자가 이발을 하려고 이발소를 찾았다. 그런데 이발소 문 앞에 이런 팻말이 놓여 있었다.

"오늘은 현금, 내일은 공짜."

이왕이면 공짜로 이발을 하고 싶다는 생각에 그는 하루를 더 기다려 다음 날 일찌감치 그 이발소를 찾아갔다. 그런데 어제와 똑같은 팻말이 놓여 있는 것이 아닌가.

"오늘은 현금, 내일은 공짜."

그래서 그는 하루 더 기다려 다음날 가기로 했다. 그러나 다음날도 여전히 같은 팻말이 놓여 있었다. 결국 남자는 "아니! 또 내일이야." 투덜거리면서 돌아섰다. 그는 영원히 머리를 깎지 못했다.

한 기자가 스님에게 이렇게 질문을 했다.

"스님! 깨달음으로 가는 길을 선(禪)이라고 한다는데, 선을 수행하면 무엇이 좋습니까?"

그러자 스님은 이렇게 답했다.

"선은 '지금 이 순간을 잘 사는 것' 입니다. 순간순간 행복해야 하는 것이지요. 그래야 '날마다 좋은 날' 이 되는 것입니다. 모든 생은 인과 (因果)이니, 과거도 지금이고, 미래도 지금입니다. 항상 현재의 삶을 잘 사는 것이 선입니다."

이 순간이 휴가라면 가장 휴가답게 즐기는 것이 중요하다. 오늘의 휴가가 훌륭하면 미래에도 훌륭한 휴가를 보낼 수 있다. 이번 휴가도 지난해처럼 보내겠는가? 그 답은 당신의 결단에 달려 있다.

03
유스토리를 구축하라

IMF 한파 때 일이다. 한 조사 기관이 " IMF로 제일 좋아진 부분은 무엇인가?" 라는 질문을 한 적이 있다. 그리고 이 질문에 대한 답은 가족에 대한 사랑이 1위, 부인에 대한 고마움이 2위를 차지했다. 실로 돌이켜보면 IMF가 직장인에게 가져다준 가장 큰 선물(?)은 가족에 대한 '사고의 전환' 이 아닌가 싶다.

가족사진과 가족스토리의 시대

고용 없는 성장시대에 직장인들이 달라졌다. 가슴팍에 사표가 아닌 가족사진을 소지하는 직장인들이 많아진 것이다.

요즘들어 상사한테 핀잔을 듣고 울화가 치밀어 당장 때려치웠으면 하는 순간이 더 많아졌다. 그럴 때 예전에는 사표를 들여다봤다면, 이 제는 가족사진을 꺼내본다. 그러면 분노도 봄볕에 눈 녹듯 녹고, 가족 에 대한 사랑이 더 솟는다고 한다.

다가오는 5월은 가장들이 두려워하는(?) 가정의 달이다. 해마다 이맘 때가 되면 '가족에 대한 봉사'로 파김치가 된다. 이래저래 챙겨야 할 것도 많고 다녀와야 할 곳도 많다. 그렇다고 매년 해오던 봄나들이나 외식 등을 안 할 수도 없는 데다 호주머니 사정까지 만만치 않다면 더 고민이다.

그러나 걱정할 필요 없다. 올해는 가정의 달에 대한 패러다임을 바꿔 보자. 과감한 발상의 전환으로 좀 더 가족애를 돈독히 하고, 서로의 삶 을 함께 들아볼 수 있는 재미있고 뜻 깊은 장이 분명히 있기 때문이다.

그 장은 다름 아닌 유스토리 만들기다. 여기서 유스토리란 영어로 당 신을 뜻하는 'You'와 이야기를 뜻하는 'Story'의 합성어로 '당신 의 이야기'를 말한다. 나아가 이 유스토리는 나와 한몸과 같은 가족의 이야기를 뜻하기도 한다.

왜 가족신문인가?

아마 대부분은 "가족 이야기를 어떻게 만들지?" 고민이 들 것이다. 하지만 어렵지만은 않다. 바로 「우리가족신문」을 만들면 된다. 처음에 는 쉽지 않겠지만 일단 해보면 색다른 재미는 물론이거니와 아이들 또는 부인 등 가족에 대한 패러다임을 바꿀 수 있다. 더 좋은 것은 바쁘다는 핑계로 소홀히 해온 가족 일원으로서의 몫을 한꺼번에 만회할 수 있다는 점이다.

잘 알겠지만 신문은 사실과 역사를 중시한다. 마찬가지로 가족신문도 가족의 뿌리에 대한 이야기를 정리하는 중요한 계기가 될 수 있고, 가족이 함께 토론하는 대화의 장도 열 수 있다. 뿐만 아니라 각각의 생각, 고민, 걱정거리 등도 나눌 수 있고, 함께 하니 협동심도 키우고, 함께 해냈다는 성취감을 맛볼 수 있으며, 결과물을 보고 한바탕 웃고 즐길 수 있는 놀이의 기능도 있다. 또한 '우리 가족은 이렇습니다' 하고 이웃과 친지에게 돈 안 드는 가족 홍보도 겸할 수 있다.

신문의 발행 과정을 알면 된다

그러면 가족신문은 어떻게 만드는지 걱정되는가? 결코 어렵지 않다. 특히 가족 중에 초등학생이나 중학생이 있다면 더 그렇다.

대략적으로 신문을 만드는 일은 다음과 같은 과정을 밟는다.

● 편집회의 ➡ 역할 분담 ➡ 취재, 청탁 ➡ 원고 작성 및 정리 ➡
   레이아웃(편집) ➡ 교정 ➡ 인쇄(또는 복사) ➡ 배포

가족신문도 규모는 작지만 이런 과정으로 탄생하게 된다. 혹시 과정이 잘 이해가 안 된다면 신문 제작과 관련된 책의 도움을 받아도 좋다.

이왕 할 거라면 제대로 해야 더 즐겁고 충만한 기분을 느낄 수 있기 때문이다. 유스토리 만들기의 기본 워크숍은 다음 두 단계이다.

1단계 : 편집회의

우선 전 가족이 참여해 편집회의를 하는 것이다. 가능하다면 편집장은 부모가 아닌 아이가 맡는 게 좋다. 편집회의 권한을 아이에게 주라는 것이다.

2단계 : 형식 정하기

역할이 정해지면 가족신문 제호 즉 이름을 정하고, 발간 주기(월간, 계간), 발간일, 분량(4쪽 또는 8쪽), 크기(타블로이드 형태 또는 A3 용지 크기), 기타 담을 내용 등에 대해 브레인스토밍 형식을 통해 다양한 아이디어를 낸다. 여기서도 아이들이 중심이 되는 것이 좋다.

3단계 : 내용 정하기

그 다음에는 무엇을 담을 것인가가 고민일 것이다. 그러나 이것은 기우다. 뭐든 가족에 대한 이야기면 된다.

예를 들어 족보 또는 계보를 소개할 수 있는 가계도를 담아 첫 회를 시작하는 것도 좋다.

이를 통해 우리 가족이 어떻게 이어져 내려오고 있고, 조상은 어떤 분이었고, 가족의 전통은 이렇다고 일러주는 것이다.

이밖에도 자녀에게 주는 글, 우리 가족 소개, 우리 할아버지와 할머

니를 소개합니다, 미리 보는 2010년 우리 집 10대 뉴스, 우리 집 가족 사명서나 가훈, 가보, 부모의 어린 시절, 나의 걱정거리, 자랑거리, 이웃이 본 우리 집, 가족 만화, 퀴즈, 퍼즐, 우리 집 에피소드 등 다양한 형식이 있다. 이외에도 자유롭게 아이들의 의견을 취합해 얼마든지 풍부한 내용을 정할 수 있다.

4단계 : 시기별 업데이트

신문에도 특화별 섹션이 있다. 가족신문을 더 풍요롭게 만들려면 주 테마 외에 자유롭게 특화 섹션을 주기적으로 업데이트하는 것이 좋다. 한 예로 '우리 가족은 이렇습니다.' 와 관련된 가족에 대한 광고를 만들어보는 것도 좋다. 요즘 큰 트렌드의 하나인 자연과 환경, 스마트 폰 등 디지털 미디어 이야기, 생활비 줄이기 10계명 등 좋은 아이디어를 유도해보는 것도 좋을 것이다.

좀 더 여유가 있다면 올 여름 휴가를 테마로 정해 2011년 알뜰 휴가 계획 짜기, 내가 하고 싶은 것, 내가 되고 싶은 것 등의 인생 설계도 등도 담아보자.

이렇게 몇 단계를 거치고 나면 우리 가족의 독특하고 유일(唯一)한 내용이 추려질 것이고, 이것이 바로 〈유(唯)Story〉가 된다. 여기서 좀 더 멋지게 만들려면 집에 있는 컴퓨터로 작업을 해서 좀 더 전문적인 형태를 갖추면 된다. 가능하다. 여기서 꼭 지켜야 할 주의점은 아이들이 자발적으로 할 수 있도록 도와줘야 한다는 점이다.

가족신문이 가져오는 놀라운 효과들

가족신문은 만드는 재미도 좋지만, 이후 자연스럽게 좋은 효과들이 도출된다. 아이도 부모도 창의적인 사고가 몸에 배게 되고, 창조력, 사랑, 아이디어, 문제 해결 능력 등도 배양되니 일석다조가 아닐 수 없다.

만들고 배포하고 보존하는 과정에서도 재미를 느낄 수가 있다. 예를 들어 아이들이 쓴 원고에 대해 용돈을 겸한 원고료를 주어 성취감을 맛보게 하는 것도 좋고, 이번 기회에 메모와 기록 습관을 키워줘도 좋다. 이렇게 나온 신문을 먼 친척이나 이웃에게 배포해서 우리 가족의 상황과 사는 모습을 알리고 피드백을 받아보는 것도 좋다.

또한 신문을 작게 복사해 지갑, 수첩에 소지하거나 비치해놓고 가족의 소중함을 되새겨보는 것도 좋다. 여건이 되면 블로그나 미니홈피 등을 통해 주기적으로 발간해보는 것도 좋다.

이처럼 뉴스도티 만들기는 가족끼리 생각하는 기회를 가지고 서로의 소중함을 일깨우고, 자연스러운 대화 시간을 가지면서 의견을 조율하고 제시할 수 있는 새로운 가족문화를 가꿔 가는 데 그만이다.

역사는 축적의 결과물이다. 가정의 달이라고 놀이공원이나 야외 등만 다니지 말고 아늑한 거실에 멋진 가족사(家族史) 발굴 캠프를 쳐보자. 흩어진 가족 스토리를 챙겨보자. 이젠 가족력이 경쟁력이다. 가족이 만사(萬事)다.

04
아날로그 데이(Analog Day)를 만들어라

나는 집이 일산이라 주로 서울로 나가 상의를 하는데 이때 정해진 습관이 하나 있다. 강의나 학교 수업 때문에 서울에 갈 때 어김없이 신형 BMW를 탄다는 것이다. 내 신형 BMW는 흔히 말하는 독일 차가 아니다. 바로 Bus, Metro, Walk, 즉 버스, 지하철, 걷기를 말한다.

특히 나는 이중에서 지하철을 애용하는 편인데, 나는 이처럼 지하철을 타는 시간을 'My Time', 이름 하여 '혼자만의 시간'이라고 부른다. 이 시간이면 나는 상상의 나래를 펼치고 온갖 상념에 빠져들거나 책을 읽는다. 일분일초를 쪼개 써야 하는 나로서는 이 때가 더없이 행복한 시간이다. 지금 쓰고 있는 이 글의 컨셉도 바로 이 신형 BMW 안에서 구상된 것이다.

세상과의 단절을 두려워하는 사람들

그런데 요즘 지하철 안의 풍경이 심상찮다. 불과 10년 전만 해도 책을 읽거나 신문 보는 이들이 많았는데 요즘은 눈에 띄지 않는다. 대개는 핸드폰으로 통화를 하거나 드라마와 뉴스를 본다. 나아가 그렇지 않은 사람은 내내 핸드폰 버튼을 만지작거린다. 24시간 내내 IT의 노예가 된 듯이 휴대폰과 연결되어 움직이는 것이다. 모두가 " 나는 접속한다. 고로 생존한다."는 명제를 시현하며 살아가는 듯하다.

반대로 내가 지하철 안에서 My Time을 가지는 것은 이동 시간만이라도 삶의 중심축을 디지털 모드에서 아날로그 모드로 바꾸기 위해서다. 나는 이것을 2천 원짜리 행복이라고 부르는데, 사실상 이런 시간이 아니면 디지털 시대의 현혹에서 벗어나기 어렵기 때문이다. 흔히 "인간은 샤워실이나 화장실에 들어갈 때만이 혼자만의 시간을 갖는다."고 말한다. 그렇다면 여러분은 어떤가? 과연 충분한 혼자만의 시간을 갖고 있는가?

디지털 중독과 휴대폰

이런 이야기를 꺼내는 이유는 최근 휴대전화가 우리 인생의 큰 부분을 좌지우지하고 있기 때문이다. 물론 휴대전화가 나쁜 것만은 아니다. 다들 아는 것처럼 통신기기의 눈부신 발전은 인간과 인간 사이의 지리적 한계를 무너뜨렸다.

176

한 예로 미국 보스턴대학의 K교수는 "디지털 미디어의 궁극적인 목표는 (마치 안경처럼) 사람 몸의 일부, 몸의 기관이 되는 것"이라고 말한다. 휴대전화가 사람의 감각기관을 대신하여 오감의 한계를 뛰어넘을 수 있게 해주기 때문이다. 이를테면 휴대전화에 달린 카메라는 또 하나의 눈이 되고, 통신 시그널과 스피커는 멀리 있는 사람의 목소리를 들을 수 있는 제3의 귀가 되어준다. 이제 우리는 TV와 인터넷을 통해 세상과 만나왔듯이 휴대전화라는 새로운 감각기관을 통해 세상 사람들과 만나고 있다.

그러나 문제가 하나 있다. 이 새로운 감각 기관이 그간 서로를 연결해주던 오감을 퇴화시킨다는 것이다. 한 예로 휴대전화에 전화번호 저장 기능과 발신자 번호 표시가 장착된 뒤로 사람들이 외우는 전화번호 수가 이전의 1/5 이하로 줄어들었다고 한다. 단축번호 기능을 능수능란하게 활용하는 사람 중엔 가끔 자기 집 전화번호를 까먹는 사람도 있을 정도다.

이처럼 예전에는 개인과 개인이 오감을 통해 정서로 연결되었다면, 오늘날 개개인은 무선 네트워크망의 일부로 치부된다. 결국 휴대전화가 지리적 거리를 극복한 대가로 정서적 거리는 벌려놓은 셈이다. 형식적인 안부, 공허한 관심, 쓸데없는 의심……. 실로 습관이나 조바심에서 비롯된 통화는 형식적인 대화, 정보 쓰레기, 공허한 교류를 증가시킨다. 실제로 통화만 너무 자주 하는 사람들끼리는 서로 제대로 아는 것이 없다. 마치 "우리 애는 그럴 애가 아니에요."라고 기겁하는 부모처럼 말이다. 자식 망가진 것을 부모가 가장 늦게 알게 되는 경우는 자식과 공허한 접속의 반복으로 제대로 아는 게 없을 경우다. 마찬가지로 전화는 지치지도 않고 돈만 내면 언제나 접속할 수 있고, 이 쉼 없는 접속이 가족과 친구와 애인의 정서적 거리를 오히려 멀어지게 만든다. 접속은 직접 접촉하고 싶은 욕망을 희석시키기 때문이다.

판매업을 하는 내 후배는 " 전화 상담과 방문 상담간의 계약 성공률은 거의 20배 이상 차이가 난다. 상담한 시간과는 무관하다. 고객과 얼굴을 맞대느냐 아니냐의 차이다." 라며 오감 영업을 강조하는데, 이처럼 전화는 결국 전화일 뿐이다. 정서 교환은 오감을 통하지 않으면 결코 제대로 이루어지지 않는다.

디지털 중독은 공허함에서 나온다

인터넷이 서서히 대중화될 무렵이었다. 15평 좁은 공간에서 인터넷 하나만으로 100시간을 넘게 버티는 '체험! 인터넷 서바이벌' 이벤트의 베스트 서바이버로 선정된 60대 모 교수가 있었다. 그는 이후 신문과의 인터뷰에서 "인터넷만 있어도 먹고사는 데는 불편함이 없다. 하지만 사람의 삶이 먹고사는 것만으로 끝나는 것이 아니다. 사람과의 단절이 더 큰 슬픔이었다."고 고백했다.

고독을 견디지 못하는 건 아이 어른이 따로 없다. 나는 청소년 사이에 핸드폰이 폭발적으로 늘어난 까닭이 형제와 친구라는 횡적 유대가 사라졌기 때문이라고 생각한다. 외동이거나 설사 형제나 친구가 있다 해도 함께 놀며 유대를 끈끈하게 다질 시간이 없기 때문이다.

아이들이 줄기차게 핸드폰과 인터넷을 붙잡고 늘어지며 공허한 접속에 매달리는 것도 그 때문이 아닐까 싶다. 이동통신사 광고 중에 떨어져 사는 부모에게 자주 통화하는 효자를 내세운 광고가 있다. 나는 이것을 고단수 꼼수(?) 마케팅이라고 본다. 자식이 보내준 휴대전화로 자주 통화하는 부모는 점점 더 자식 얼굴 보기가 어려워질 것이다. 공허한 접속이 잦아질수록 정서적 거리는 점점 더 멀어지기 때문이다.

이제 휴대전화는 현대인의 제 6의 감각기관(sixth sense)이 되었다. 이런 상황에서 여유를 찾고 여가를 만들기 위해 주기적으로 해야 할 행동이 하나 있다. 휴대전화든 인터넷이든 디지털 미디어 기기와의 접속을 일정 시간 중단하는 것이다. 이것이 EQ의 시대를 살아가는 사람으로서 오감의 퇴화를 막는 최선의 방법이다. 실로 사람살이 대부분의 결정적인 판단은 논리가 아닌 오감으로 결정된다. 따라서 오감을 잃는다는 것은 더 나은 결정을 봉쇄시키는 일이 될 것이다.

> **여기서 잠깐**
> ## 죽을 때 후회하는 스물다섯가지
>
> 1) 사랑하는 사람에게 고맙다는 말을 많이 했더라면
> 2) 진짜 하고 싶은 일을 했더라면
> 3) 조금만 더 겸손했더라면
> 4) 친절을 베풀었더라면
> 5) 나쁜 짓을 하지 않았더라면

6) 꿈을 꾸고 그 꿈을 이루려고 노력했더라면

7) 감정에 휘둘리지 않았더라면

8) 만나고 싶은 사람을 만났더라면

9) 기억에 남는 연애를 했더라면

10) 죽도록 일만 하지 않았더라면

11) 가고 싶은 곳으로 여행을 떠났더라면

12) 고향을 찾아가보았더라면

13) 맛있는 음식을 많이 맛보았더라면

14) 결혼했더라면

15) 자식이 있었더라면

16) 자식을 혼인시켰더라면

17) 유산을 미리 염두에 두었더라면

18) 내 장례식을 생각했더라면

19) 내가 살아온 증거를 남겨두었더라면

20) 삶과 죽음의 의미를 진지하게 생각했더라면

21) 건강을 소중히 여겼더라면

22) 좀 더 일찍 담배를 끊었더라면

23) 건강할 때 마지막 의사를 밝혔더라면

24) 치료의 의미를 진지하게 생각했더라면

25) 신의 가르침을 알았더라면

- 호스피스 전문의인 오츠 슈이치 출처

후회 없는 삶을 위한 준비는 어떻게 해야 하는가

당신은 무엇을 후회하는가? 후회 없는 삶을 살려면 무엇을 준비해야 할까?

이것을 잘 생각하고 실행하려면 일주일 하루 정도 아날로그 데이 (Analog Day)를 만들어야 한다. 최소한 주말에는 인터넷이든 전화든 접속을 중단하라. 그러면 눈으로 보고 귀로 듣고 손으로 만질 수 있는 진정한 친구가 보일 것이다.

나아가 의도적으로라도 주말에는 대화의 통로를 다시 옛날로 돌려놓을 줄 알아야 한다. 주말과 휴가는 접속이 아닌 접촉의 시간이 되어야 한다. 당신의 한 주(Week)에 아날로그를 담지 않으면 당신의 한 주는 Weak(약해)질 것이다.

바로 아닐로그 디바이드(Analog Divide) 때문이다.

넌센스 퀴즈를 하나 내겠다. 이 세상에서 가장 많이 팔린 라면은 무슨 라면일까? 바로 '했더라면'이다. 60억 인구가 매일 먹는 이 라면을 여러분도 먹고 있지는 않은가?

이번 주부터는 여러분만의 '신형 BMW'를 마련해보자. 이걸 타기 시작하면 조금씩 세상이 보일 것이다. 그렇게 세상이 보이면 여유가 보이고, 여유가 보이면 여가가 다가올 것이다. 그렇게 좀 더 큰 숨을 쉬어보자! 아이 러브 '아날로그(Analog)'!

05
책이라는 금맥을 파고들어라

언젠가 북 세미나를 주관하고 있는 모 대표가 찾아왔다. 책이란 무엇인지 정의를 내려달라는 것이다. 종일 책과 씨름하는 그가 아직 책에 대한 정의를 못 내렸을 리는 만무하다고 생각해 나름의 방식으로 'BOOK=1300K '라고 답해주며 이렇게 덧붙였다.

"책은 1300K 정도로 순도가 높은 금입니다. 다이아몬드는 아니지만 금맥과 다름없습니다."

그러자 그는 조금 의아한 표정이었다. 다이아몬드도 아니고 어째서 금이냐는 것이다. 그래서 나는 다음과 같은 풀이를 다시 해주었다.

"일단 BOOK이라는 단어를 자세히 분석하면 〈B〉와 〈OOK〉로 나누어지지요. 그 다음 〈B〉를 나누면 〈1+3〉이 되고요. 그리고 이렇게 13이

된 B에 〈OOK〉를 합치면 바로 〈13OOK〉가 됨으로써 BOOK=13OOK가 성립합니다. 즉 책이 1300K의 엄청난 금맥으로 변신하는 겁니다."

이 해석을 들은 그는 곧바로 무릎을 치면서 "책은 내 인생의 금맥입니다." 라는 문장을 들고 곧바로 자리를 떴다.

독서는 정신의 근력을 키워준다

독서란 무엇일까? 그 정의는 사람마다 다르겠지만 나는 독서야말로 꿈이고, 밥이고, 약이라고 생각한다. 책은 우리가 꿈을 키우도록 독려하며, 어려울 땐 삶의 처방전이 되어준다.

독서의 소중함은 아무리 강조해도 지나침이 없다. 책을 읽는 작업은 인생에서 하나의 금맥을 발견해 캐낸 다음 멋진 세공품으로 만들어가는 일이다.

제대로 쉬지도 놀지도 못하는 이들에게도 마찬가지이다. 북커테이너 (Bookertainer)가 되면 이 문제는 자연스럽게 풀린다. 이것은 내가 만든 용어로서 영어 Book과 Entertainer를 합성한 것이다. 직역하자면 '책을 즐기는 사람'이다. 그렇다면 책을 즐기는 것과 놀이와 휴식이 무슨 상관인지 궁금한가?

흔히 놀이 하면 나가서 움직이는 것을 생각하지만, 사실 노는 데에는 머리도 필요하다. 어떻게 놀 것인지, 어떤 놀이가 가치 있는지, 나에게 걸맞은 놀이는 무엇인지를 생각해야 한다.

가령 운동을 보자. 전문가들이 권하는 가장 이상적인 운동은 유산소 운동과 근력 운동을 적절히 병행하는 것이다. 나아가 책을 읽는 것은 머리로 노는 방법을 가르쳐주는 이른바 지력 강화 운동과 같다.

어떻게 하면 북커테이너가 될 수 있는가

이제 내 경험을 바탕으로 북커테이너가 될 수 있는 노하우를 소개하겠다. 다소 주관적인 부분이 있으니 적절히 활용하면 좋은 지침이 될 것이다.

첫째, 저자와 상견례하라

여기서 상견례하라는 것은 진짜 만나라는 것이 아니다. 그럴 수 있다면 좋지만 여건이 이러운 게 대부분이다.

이때는 서문을 꼼꼼히 읽는 것이 저자와의 상견례가 된다. 서문은 저자가 독자와 인사를 나누고, 자신은 누구이며 무엇을 말하려고 하는지를 요약해놓은 부분이다. 이 부분을 잘 파악하면 책 전체의 얼개를 그려볼 수 있다. 그 다음에는 목차를 보고 그 내용이 어떤 흐름을 가지는지 파악하라. 그중에 가장 맘에 드는 항목을 발췌해 미리 한번 읽어보면 이 책이 내게 맞을지 그렇지 않을지를 알 수 있다.

둘째, 저자와 하나가 되어라

책을 읽는 독법은 주도적으로, 긍정적으로 할 때 가장 효과가 좋다. 책을 읽을 때 자신이 그 책을 쓴 것처럼 받아들이라는 의미이다. 비록 평가하고 비판하고 싶은 마음이 들지라도 그 마음을 비우고 그 책을 대하라. 그렇게 푹 빠져들어 저자와 대화하는 심정으로 읽다보면 훨씬 많은 것을 얻을 수 있다.

셋째, 여백을 최대한 활용하라

책의 여백은 가독성과 디자인을 위한 것이기도 하지만, 성공을 낚을 수 있는 좋은 바탕도 된다. 책을 읽으면서 떠오르는 아이디어나 하고 있는 일과 연계되는 생각들을 여백에 가능한 많이 써넣어라. 그래서 책을 하나의 아이디어 뱅커로 만들고, DB화해라. 왜냐하면 빈 공간에 메모를 하면 또 다른 생각들이 동시 떠오르면서 가상무한(假想無限)의 부가가치가 덤으로 생기기 때문이다.

넷째, 읽은 내용을 남에게 얘기해줘라

읽은 내용 중에 감명 깊은 부분을 남에게 설명하거나 이야기해주어라. 이렇게 하면 읽은 내용을 자기도 모르는 사이에 리뷰(Review)하게 되며, 남에게 설명해줌으로써 자신의 것으로 만들 수 있다. 뿐만 아니라 남을 배려함으로써 내 이미지를 좋게 만들고, 의사 전달력, 표현력 등도 배양할 수 있다. 좋은 책은 함께 나누면 배가 된다는 점을 기억해야 한다.

다섯째, 읽은 내용을 한 장으로 요약하라

마인드 맵핑이나 아이디어 트리 등을 통해 읽은 것을 한 장으로 요약, 정리하는 과정도 책을 잘 읽는 하나의 방법이다.

이를테면 책의 목차를 마인드 맵핑하거나 정리해보는 것이다. 이것이 어렵다면, 감명 받은 내용 중 중요한 단어를 중심으로 요약, 정리해보는 것도 도움이 된다.

여섯째, 가공해서 재활용하라

읽은 책을 머리에만 쌓아두면 소용이 없다. 자신의 업무나 새로운 일을 기획할 때 또는 업무를 수행할 때 책에서 배운 것들을 신선한 아이템으로 가공해 재활용하라.

그러자면 앞서 이야기한 것처럼 저자와 주파수를 맞추고 함께 호흡하면서 책 전체의 그림을 그릴 수 있어야 한다.

일곱째, 당신만의 책으로 만들어라

읽으면서 평소 스크랩했던 내용이나 메모한 내용을 보완해가면서 자신의 책으로 만들면 새로운 책이 탄생한다. 내 경우는 한 권의 책을 3~4번 읽는데, 읽을 때마다 중요한 부분과 관련된 자료 등을 보완해 하나의 '석세스 파일'로 활용하고 있다.

여덟째, 반복해서 읽어라

좋은 책은 자주 읽어도 해로울 게 없다. 놀랍게도 훌륭한 책들은 읽을 때마다 새롭다. 그 구절들 안에서 내 미래를 그려보고 성공의 예감을 맛보고, 활기찬 몸놀림으로 성공을 낚아보는 것은 훌륭한 가상체험이 된다. 그리고 읽은 시간만큼 그 내용을 체화시키는 것도 중요하다.

아홉째, 자투리 시간을 이용하라

독서가들이 하나같이 강조하는 것 중에 하나가 책은 한가해서 읽는 것이 아니라는 점이다. 바쁜 현대인들에게 책 읽는 시간을 따로 낸다는 것은 결코 쉬운 일이 아니다. 하지만, 틈새 시간을 잘 활용하면 하루에 100페이지 정도는 읽을 수 있다. 가령 전철 출퇴근 시간, 화장실에 있는 시간, 잠자리에 들기 전, 점심시간 등등 자투리 시간은 얼마든지 있다. 독서를 하려면 이 시간을 자신의 것으로 만들어야 한다. 나는 전철로 출퇴근하는 하루 2시간을 독서 시간으로 확보해서 1주일에 보통 2~3권의 책을 읽는다.

열째, 읽은 내용을 실천으로 옮겨라

백독이불여일행(百讀而不如一行)이다. 아무리 좋은 내용도 실천으로 적용하지 않으면 소용이 없다. 읽은 내용을 감탄하되, 이것을 곧바로 실천에 옮겨라. 이것이야말로 책을 통해 성공과 접속하는 첩경이다. 책을 성공의 촉매제로 만들어라.

1300k 금맥 인생

수년 전 국내 모 그룹이 직원들에게 자기계발을 독려하며 한 이야기이다.

"하루 한 시간의 차이는 그 자체로는 미미하지만 이것이 쌓여 5년이 지나면 그 차이는 엄청나다. 만약에 하루 한 시간씩 골프를 배우면 싱글 수준에 오를 수 있고, 이 시간 동안 대학원에 다니면 석사 학위를 2개나 취득할 수 있다."

지금 이 순간부터 북커테이너로 거듭나보자. 순도 1300K짜리 인생의 금맥을 찾아보자. 독서는 당신의 꿈이고, 밥이고, 약이다. 이젠 독서력이 경쟁력인 시대다.

여기서 잠깐

손에 70분, 잠자리에서 30분

책 좋은 건 아는데 시간 내기가 쉽지 않다는 사람들이 많다. 여기서 한 가지를 지적하고 싶다. 독서를 하자면 나름대로 여유도 필요하지만, 정말 필요한 것은 절실함이라는 점이다. 독서 또한 다른 많은 것들과 마찬가지로, 목표 즉 Goal이 없으면 지속하기가 어렵다. 이럴 때는 〈手7寢3〉법이라는 비방을 사용해보자. 〈수7침3〉이란 바로 손에 70분을 들고, 잠자리에서 30분간 책을 들라는 이야기다. 이는 결국 책을 손에서 놓지 말아야 한다는 뜻이다. 이렇게 신책동체(身冊同體)가 되면 물론 책은 너덜너덜해지겠지만 어쨌든 그 구절들이 틈틈이 하나씩 머릿속에 박힐 수밖에 없다.

06
워크홀릭(walkholic)이 되라

한번은 미국 CNN 경제뉴스 사이트인 「CNN머니」에서 워커홀릭에게 적합한 연말선물 13가지를 선정해 보도한 적이 있었다. 과연 이 13가지는 무엇이었을까?

배드민턴 라켓, 테니스 라켓, 초경량 골프백, 디지털 카메라, 이어폰, 탁상시계, 스테이플러(종이 찍게), 슬링박스, 에스프레소 커피메이커, 프로 보체(bocce) 세트(잔디에서 할 수 있는 이탈리아식 볼링기구) 스쿠버 다이빙 시계, 블루투스 헤드세트, 인터넷 전화기 등이었다.

한 마디로 「CNN머니」가 일 중독자들에게 추천한 선물은 대략 다음 두 가지 분류로 압축된다. 업무량에 비해 절대 부족한 운동량을 보충하기 위한 각종 운동기구, 업무에 따른 스트레스를 해소하고 여가 활동을 즐길 수 있는 정보기술(IT)제품 및 기호 식품류다.

자동차 없이는 못 사는 세상

여기서 재미있는 조사를 하나 소개하겠다.

나이 37세,
몸무게 62kg,
23~27세에 결혼, 부모와 자녀 포함 4~5명의 가족부양,
자기 집 소유, 방 1~2개는 세를 놓음,
월수입 36만 원, TV 1대, 냉장고 없음,
세탁기 없음, 피아노 없음, 자가용 없음.
– 1984년, 통계국에서 발표한 '한국 표준 가정의 살림살이'

오늘날과 비교해서 달라진 점은 무엇일까? 금방 눈에 띄는 것 중에 하나는 자가용이다. 실제로 요즘 30대들치고 자가용이 없으면 〈한국 표준〉은 고사하고 생활보호대상으로 분류된 사람일 확률이 적지 않다. 20여 년이 흐르는 동안 대한민국은 자동차 없이는 살아가기 힘든 곳이 되었다.

집밖을 나가는 순간, 도시는 우리를 사람이 아닌 운전자로서 대접한다. 더 야박하게 말하자면, 그 사람이 누구인지를 자가용이 대신 말해 주기도 한다. 이 말은 자가용이 우리네 인생에서 차지하는 비중이 커졌

다는 뜻이다.

누가 더 귀찮은가의 딜레마

자유기고가로 활동하는 30대 후반의 K씨는 면허가 없다. 교사인 K씨의 아내도 면허가 없는데 가끔 남편에게 "왜 운전을 배우지 않느냐."고 닦달하면서도, 자신도 면허 따기까지의 시간과 번거로움 앞에서 머뭇거린다.

그런데 내가 K씨에게 "술 못 마실까 무서워서 차 안 타는 건 아니지?" 농담하면 돌아오는 대답은 하나다.

"으응, 귀찮아서."

반면 또 다른 지인인 한의사 H씨는 별명이 '3보 이상 승차' 다. 아파트 건너편 식당에 갈 때도 차를 끌고 나가서다. 그런데 H씨에게 까닭을 물어보면 놀랍게도 K씨와 비슷한 대답이 돌아온다.

"으응, 귀찮잖아."

결국 누구는 자동차 있는 게 귀찮고, 누구는 자동차 없는 게 귀찮다는 것이다. 그렇다면 '귀찮다' 는 말은 어떤 의미인가? 무언가에 구속되기 싫다는 뜻이다. 쉽게 말해 K씨의 자유가 H씨에겐 구속이 되고, 반대로 H씨의 자유가 K씨에겐 구속인 셈이다.

자동차의 세상은 절반의 세상

요즘은 자가용 없이 살아간다는 게 현실적으로 불가능할 때가 많다. 하지만 생각을 조금만 바꿔보면 또 다르다.

"지난 20년간 자동차를 얻었지만, 그 대신 잃어버린 것은 없는가?"를 생각해보라. 가끔 운전자마저도 자동차 부속품의 하나는 아닌가 하는 생각이 든다. 운전하는 기계가 된 것도 안타깝지만, 삶의 자유'도 잃지 않았나 싶다.

예를 들어 자동차 위주로 설계된 도시에서 사는 이들은 ' 언제, 어디서 만날 것인가' 같은 결정을 할 때도 자동차를 고려한다. 자동차가 만남의 변수로 끼어드는 것이다. 깜빡 잊고 집에 두고 나온 핸드폰이 종일 마음 불편하게 하듯이 자동차는 주인의 자유를 일부 차압한다.

이를테면 요즘은 주차장도 경쟁력이다. 식당을 보자. 가족끼리 자동차를 디고 갈 수 있는 장소들이 적지 않다. 하지만 주차장 없는 맛있는 식당은 어떤가? 거기는 가보지도 못한다. 뿐만 아니라 시장, 공원 등등도 자동차를 주차할 수 있는가 없는가가 결정적이다.

결국 자동차 있는 사람의 세상은 그렇지 않은 사람의 세상과 다르거나, 전체 세상의 부분 집합만 누릴 수 있다. 삶을 배움의 연속으로 본다면 군데군데 페이지가 뜯겨져 나간 책인 셈이다.

자동차가 없을 때 벌어지는 일들

앞서 소개한 K씨 얘기를 좀 더 해보겠다. 그의 가족은 주말마다 기차를 타고 여행을 떠난다. 같은 설악산 등반을 해도 나는 대청봉에 올랐다가 산장에서 1박을 하고 다시 주차장으로 돌아오는데, K씨 가족은 산을 넘어 오색약수로 내려간다.

차를 버리고 떠나니 활동 반경이 더 넓어지는 것이다. 심지어 K씨의 가족은 최근 주말마다 이름 없는 산을 종주하고 오지를 탐험하면서 예상치 못한 마을과 사람들과 만나며 즐거움을 누린다. 차 없는 삶이 그 가족들에게 일종의 모험을 선사한 것이다.

들어보니 몇 년 전 겨울에는 강원도 정선 민둥산을 넘어 10여 킬로미터 떨어진 화암 약수로 가려다가 길을 잃었는데, 해질 무렵까지 이리 뛰고 저리 뛰며 길을 찾다 탈진한 K씨에게 초등학생인 아들이 마지막 남은 이온음료를 꺼내주며 이렇게 말했다고 한다. "이건 아빠가 드세요. 아빠가 지치면 안 되잖아요."

덕분에 기운을 차린 K씨는 길을 찾아서 무사히 하산했는데 아들의 그 한 마디가 그렇게 대견할 수가 없었다고 한다. 차 없는 자유 속에서 오히려 행복을 찾고 가족애도 깊어지는 K씨의 가족들이 참으로 부러웠다.

자유는 충동적인 것이 아니다

K씨와 이런 이야기들을 나누며 나는 느린 걸음과 열차 시간표에 구속된 K씨가 오히려 왜 자신을 자유롭다고 하는지 그 이유를 알 것 같았다. 동시에 나는 한 가지 사실을 더 깨달았다. 삶의 자유란 취한 청년의 객기나 자동차 광고의 " 떠나라!"는 구호처럼 충동적인 도피에서 찾을 수 있는 것이 아니라는 점이다.

진정한 자유란 눈에 드러나지 않으면서도 우리를 얽어맨 구속을 찾아내 풀어가는 일이다. 사랑하지만 서로에게 얽매인 연인 사이처럼, 모든 구속은 소유로부터 발생한다. 자동차와 핸드폰의 구속을, TV의 최면을 풀어헤치면, 또 다른 세상이 보이는 것이 당연하다.

최소한 주말에는 자동차를 잊어라. 자가용을 버리면 어쩔 수 없이 걷게 되고, 걸어보면 느낄 수 있는 부분이 분명 있다. 그러면서 서서히 또 다른 자유가 보일 것이디. 워커홀릭(workaholic)인 당신! 이젠 워크홀릭(walkholic)으로 거듭나라.

07
두뇌(頭腦)랑 놀아라!

우리가 가진 최고의 보장자산은 무엇일까? 사람마다 다르겠지만 나는 '두뇌'라고 답하고 싶다. 어느 생리학자는 두뇌의 활동에 대해, "대부분의 사람은 자기 두뇌의 1/3밖에 사용하지 않으며, 이른바 아무 생각 없는 듯한 사람은 불과 3%만 사용하고 죽는다."고 말한다.

대학에서 성공학을 가르치면서 수업 시간에 이런 산수 문제를 냈다.

"13의 절반을 아는 대로 답하시오."

이 문제의 답은 글 말미에 소개하겠다. 답은 많이 찾으면 찾을수록 좋으며, 혼자 풀기 어려우면 함께 풀어도 무방하다.

두뇌가 인재를 결정한다

21세기 인재 유형은 어떤 모습일까? 한 전문가는 이렇게 말한다.

- 지식보다는 다양한 경험과 인성을 갖춘 사람
- 개혁가의 면모를 지닌 사람
- 호기심이 많고 의사소통 능력이 뛰어난 사람
- 뭔가 새로운 것을 시도하고 싶어 안달이 난 사람
- 변화하고 싶어 하는 의지가 있는 사람
- 변화를 두려워하지 않는 용기가 있는 사람
- 남과 함께 일하는 협력능력을 갖춘 사람

이런 자질을 가진 사람은 단적으로 말해 기업가(起業家:Entrepreneur) 형 인재, 멀티 플레이어 인재다.

그런데 이런 자질들과 깊이 연관된 우리 몸의 장기가 바로 두뇌이다. 즉 두뇌의 역량이 한 사람의 기질과 자질을 결정하는 것이다. 그렇데 놀라운 것은 대부분 이 두뇌의 존재를 잘 인식하지 못할뿐더러 그 활용에도 무심하다는 점이다.

머리 좋은 사람, 머리 나쁜 사람

140억 개의 뇌세포로 구성된 인간 두뇌의 무게는 1.2에서 1.4킬로그

램까지 많게는 약 200그램의 차이를 보인다. 그런데 뇌의 무게와 지능은 관계가 없는 것으로 알려져 있다. 그렇다면 머리 좋은 사람과 나쁜 사람의 차이는 어디에 있을까?

학자들은 " 140억 개의 신경세포 간의 회로망이 어떻게 구성되는가에 따라 머리가 좋고 나쁨이 결정된다."고 입을 모은다. 뇌세포 숫자가 중요한 게 아니라 뇌세포 간 연결이 지능을 결정한다는 뜻이다. 또한 이 뇌세포 간의 연결은 "집중력을 높이고 오른쪽, 왼쪽 뇌를 골고루 활용함으로써 향상시킬 수 있다."고 말한다.

사실 20여 년 전만 해도 좌뇌와 우뇌의 역할은 알려지지 않았다. 그러다가 1981년 캘리포니아 공과대학의 스페리 박사가 각각의 역할을 밝힘으로써 노벨상을 받게 되었는데, 좌우로 갈라진 두뇌가 대뇌 아래쪽에 있는 뇌량을 통해 연결되어 서로 정보를 교환한다는 사실이 발견되었다.

또한 두뇌로 들어오는 신경이 서로 교차하기 때문에 좌반신은 우뇌의 영향을 받고, 우반신은 좌뇌의 영향을 받는다고 한다. 좌뇌는 언어적, 논리적, 분석적, 계산적 기능을 담당하고, 우뇌는 공간·형태 인식, 이미지·그림 인식, 직관, 종합, 운동 등을 관장한다고 한다.

뇌 발달은 균형이 중요하다

한국인은 서양인에 비해 사물의 이치를 꼬치꼬치 따지는 사고력과 논리적 사고가 부족한 편이고, 대개 우뇌형에 속한다고 알려져 있다.

하지만 이것은 자연스러운 일이다. 대부분의 사람들은 대개 좌뇌와 우뇌 중 한쪽이 더 발달된, 달리 말하면 한쪽은 덜 계발된 상태에 놓여 있다. 따라서 자신이 어느 두뇌 스타일인지를 알아 덜 계발된 쪽을 집중적으로 사용하는 훈련을 하면 전체적인 지능을 향상시킬 수 있다.

당신은 우뇌형인가? 좌뇌형인가?

전화로 찾아오는 길을 설명할 때 우뇌형은 옷가게, 동상, 교통표지판 등의 지형지물을 매개로 길을 알려준다. 반대로 좌뇌형은 지도책을 펴놓고 보는 듯 설명한다. 이를테면 우뇌형은 " 옷가게를 지나서 동상이 나오면 앞쪽으로 교통 표지판이 보이는데 바로 그 옆이야? "라고 설명을 하고 좌뇌형은 " 거기에서 왼쪽으로 30미터쯤 가다가 오른쪽으로 들어가 네 번째 골목 두 번째 건물 " 이라고 설명한다.

좌뇌형은 책상 정리를 깨끗하게 하는 편이고 우뇌형은 책상 위에 잔뜩 늘어놓고 일하는 사람이 많다. 계획을 먼저 세우고 일을 시작하는 사람은 좌뇌형인 경우가 많고, 시작부터 하고 나서 계획을 꾸미는 사람은 우뇌형일 확률이 높다. 영화를 보고 나서 친구에게 스토리를 이야기하는 사람은 좌뇌형이고, 멋지거나 극적인 장면을 이야기하는 사람은 우뇌형이다.

중국집에 왔으니까 당연히 자장면을 시킨다는 사람은 좌뇌형이고, 그래도 메뉴판을 뒤척이는 사람은 우뇌형이다. 충동적으로 물건을 사고 나서 후회하는 사람은 대개 우뇌형이다. 술에 취해도 직장과 일 이야기를 하는 사람은 대개 좌뇌형이다. 기억력이 뛰어난 사람은 대개 좌뇌형이고 창의력이 뛰어난 사람은 대개 우뇌형이다. 셈에 밝은 사람은 대개 좌뇌형이다. 윗사람과 전화 통화하며 고개 숙여 인사하는 사람은 우뇌형이다.

뿐만 아니라 우리 조상은 대부분이 우뇌형에 속한다고도 알려져 있다. 단적으로 건축물에서 이 사실이 드러난다. 적지 않은 건축물들이 수치에 근거한 설계도 없이 다듬지 않은 목재를 구부러진 대로 사용한다. 또한 눈대중과 직관으로 정확하게 맞추고 올리기도 한다.

한편 산업화 이후 우리나라가 급속도로 대량생산 체계를 갖추면서 좌뇌형의 치밀한 계산과 논리도 반드시 필요한 능력이 되었다. 물론 시대 변화에 사람이 따라가게 된다지만, 이 때문에 생긴 폐해도 만만치 않다. 많은 교육이 강제주입식 좌뇌 계발에만 맞추어지면서 산업화 이후 한국인의 우뇌는 그야말로 놀고만 있었다.

그러나 오늘날 이 대량생산 체계가 한계에 부딪치면서, 다시 말해 발명과 신기술 없이는 더 이상의 발전이 불가능해지면서 다시 필요하게 된 능력이 우뇌형 창의력이다. 심지어 대통령부터 말단 공무원에 이르기까지, 대기업 오너에서 학습지 외판원에 이르기까지 '창의력!'을 외치게 된 것이다.

하지만 좌뇌와 우뇌 중에 어느 한쪽만 계발하겠다는 교육은 결국 폐해를 낳는다. 최근 "애들이 정말 대학생 맞아?" 하고 한탄하는 교수들이 있을 정도로 좌뇌 능력이 떨어지는 학생들이 많다. 어린 시절과 청소년기의 감수성은 스펀지와 같다. 딱 배운 만큼 주입받는다. 이런 상황에서 너도나도 우뇌형만 부르짖다 보니 좌뇌형 교육은 상대적으로 경시된다.

중요한 것은 좌우의 균형이다. 지식과 논리가 뒷받침되지 않은 창의력은 몽상에 불과하다. 마찬가지로 창의성 없는 논리와 지식은 생식 기능 없는 지식창고에 불과한 것이다.

부족한 뇌를 계발해야 한다

현대는 영상 시대다. 언어 설명 없이 영상만으로 정보를 받아들이는
데 익숙한 오늘날의 젊은이들은 기본적으로 우뇌형이다. 또한 한국인
에겐 여전히 논리와 합리성이 부족하다.

그렇다면 좌뇌와 우뇌를 균형 있게 계발시키는 방법은 없을까? 일단
나는 수학을 권하고 싶다. 주변을 둘러보면 대부분의 사람들이 수학을
싫어한다. 학교 시절 인수분해 공식을 달달 외우던 넌덜머리 나는 기억
을 떠올리며 수학 문제엔 딱 떨어지는 해답이 있으며, 그 해답에 이르
는 길이 하나뿐인 딱딱한 학문이라고 생각하기 때문이다.

하지만 사실은 그 반대다. 수학은 해답을 '발견하는' 것이 아니라
'발명하는' 학문이다. 논리와 창의력이 절묘하게 균형 잡힌 수학은 마
치 화가가 그림으로, 소설가가 언어로 세상을 묘사하듯이 숫자와 기호
로 세상을 묘사한다. 즉 숫자가 진리 자체는 아니라는 뜻이다. 한 예로
방정식은 그 자체는 빈틈없이 논리적이지만 방정식을 현실에 적용시
키는 과정은 한 편의 소설이요, 화가의 붓질과 비슷하다. 또한 수학은
세상의 아주 일부분만 묘사할 수 있고, 그 나머지 영역은 발명해야 할
오지로 남아 있다.

이는 초급수학에서는 좌뇌형이 탁월한 능력을 발휘하지만 어느 경지
를 넘어선 고등수학에서는 우뇌형 인간이 더 월등한 재능을 보이는 것

만 봐도 알 수 있다. 물리나 화학도 마찬가지여서 위인 반열에 오른 과학자는 대개 우뇌형에 가깝다고 한다.

하지만 여기서 주목해야 할 점은 사실 이들은 어느 한쪽 형으로 구분되는 사람들이라기보다는 우뇌가 좌뇌와 절묘하게 균형을 이룬 사람들이라는 점이다.

뇌 계발은 사고의 확장이다

뇌가 가장 활발하게 계발되는 시기는 유아와 청소년 시기이다. 성인이 되면 어느 정도 뇌 능력이 고착되고 새로운 것을 받아들이기가 쉽지 않다. 하지만 인간의 뇌는 사실상 평생 동안 발전하고 개발된다. 20대, 30대, 40대 모두에게 아직 뇌는 미지의 영역이자 무한대의 가능성인 셈이다. 중요한 것은 그 계발을 위해 지금 할 수 있는 일을 하는 것이다.

고교 수학이 어렵다면, 중학교 수학책에 나오는 아주 쉬운 문제부터 시작하라. 단지 문제를 푸는 데 집중하는 대신 해답을 찾을 때까지 상상을 날개를 펼쳐 보는 것은 어떨까?

이쯤해서 앞서 낸 문제를 기억해보자. "13의 절반을 아는 대로 답하시오."에 답하는 미션이었다. 그 답은 다음과 같다.

답: $6\frac{1}{2}$, 13/2, 1 과 3, 십과 삼, 로마 숫자로 13이 〈XⅢ〉이니까 X와 Ⅲ, 로마숫자 〈XⅢ〉을 상하로 절반을 나누면 Ⅷ 즉 8이 된다. 또 영어로 13은 Thirteen 이다. 절반은 thir와 teen, thir와 teen의 알파벳 숫

자가 4개씩이니까 4와 4 등등 수많은 답이 나올 수 있다.

이처럼 좌반구 우반구를 왕성하게 돌리면 엄청난 일이 벌어진다. 나는 이런 작업을 사고의 확장이라고 부른다. 이 시대에 중요한 것은 이제 상식이 아닌 상상이다.

생각을 바꾸면 습관이 바뀌고, 습관이 바뀌면 운명이 바뀐다. 또한 생각을 바꾸는 데에는 돈이 들지 않는다. 당신의 두뇌와 함께 노는 시간을 만들어라. 반갑다, 두뇌(頭腦)야!

08
무한도전! X게임에 도전하기!

　나는 산악자전거 MTB 준(準) 마니아다. 일주일에 한번 정도 MTB를 타러 한강 고수부지로 나선다. 집은 일산이지만 잠실까지 이렇게 왕복 100Km 정도 거리를 오가는 것은 이렇게 한 번 다녀오면 한 주가 달라지는 것을 느끼기 때문이다. 심지어 때가 됐는데 자전거를 안 타면 몸이 근질근질하기도 하다.

　그러던 어느 일요일, 한강 고수부지에서 자전거를 타다가 목격한 일화다. 조기축구회 운동복에 인라인 스케이트 보호 장구로 중무장한 40대 아저씨가 몸에 착 달라붙는 슈트를 입은 아가씨를 10여 분이나 졸졸 따라가고 있었다.

　하지만 작업(?) 걸려고 그러는 것은 아니었다. 스케이팅이 서툰 아저씨가 죽을힘을 다해 잘 타는 아가씨를 추월해보려는 것이었다. 아가씨가 웃는 얼굴로 가끔 뒤를 돌아보는 걸 보니, 아무래도 아저씨가 포기하지 않도록 일부러 속도를 조절하는 듯했다. 결국 오르막길에서 다리가 풀린 아저씨는 짚단 쓰러지듯 넘어졌지만 열심인 그 모습이 대견해 보였다.

체력으로 살아남아야 하는 시대

흰 와이셔츠를 입는 대기업 사원이 일등 신랑감으로 꼽히던 시절이 있었다. 그리고 이 평생직장의 안도감이 사오정·오륙도의 불안감으로 뒤집어지는 데는 겨우 10년도 걸리지 않았다. 이제는 앞선 세대들이 20~30년 동안 겪은 산전수전도 헛수고가 되고, 지식은 낡아 버리고, 인맥은 등을 돌리는 시기이다. 하지만 아무리 냉혹한 현실이라 해도 산 사람은 살아야 한다. 사오정은 다시 30~40년을, 오륙도는 20~30년을 더 버텨야 한다. 그렇다면 무엇으로 버티겠는가?

살아야겠다는 의지, 그리고 그 의지를 뒷받침하는 체력뿐이다. 이 때문인지 요즘 청·장년들의 건강에 대한 관심이 높아지고, 덕분에 누가 30대이고 40대인지 외모만으로는 분간하기 어려운 경우도 많아졌다.

실로 미국계 I사의 K부장은 "30대 중반을 넘어서면서부터, 이제부터는 체력 싸움이란 공감대가 또래 사이에 확산되더라. 나뿐만 아니라 동료들도 벌써 운동을 시작했다."고 말한다. 이처럼 요즘 직장인들은 달리고, 헤엄치고, 가꾼다. 과연 무엇 때문일까? 이유는 간단하다. 머리와 투지만으로 버티던 시절도 지나가버린 것이다.

욕망의 해결로서의 운동

운동에는 종류가 꽤나 많다. 하지만 내 경우는 재미를 우선순위에 두고 건강은 절로 얻어지는 운동을 좋아한다. 재미는 욕망을 연소시키는 과정에서 발생하므로 인간은 자신이 좋아하는 운동에 얼마간 중독되는 경향을 보인다. 때문에 비싸게 산 러닝머신이 자꾸 눈에 밟힌다는 식의 의무감에 떠밀리지 않고 스스로 운동을 하는 것이 가장 효과적인 셈이다.

실제로 한 전문가가 "운동중독에 빠진 사람이 7.4%에 이르는데 이 수치는 알코올·도박·쇼핑중독보다 더 지독한 인터넷 중독과 비교해도 2배가량 높다."는 논문을 발표했는데, 이처럼 특징 운동에 중독된 사람은 처음에는 '타인과의 경쟁'이라는 원초적 욕망 때문에 재미를 느끼다가 차츰 자신과의 경쟁으로 돌아선다. 바로 마라톤이 그런 경우인데, 경지에 이른 마라토너는 자신이 자신에게 부과한 목표, 즉 시계바늘과 경쟁할 뿐 누가 자기를 추월한다고 쉽게 흥분하지 않는다.

인터넷 중독의 두 배라면 심하지 않느냐는 사람도 있겠지만, 나는 인간에게 중독성, 즉 '욕망의 발생과 해소의 쾌락' 없는 일상만큼 지루한 것이 없다고 생각한다. 늘 일과 돈에 찌들어 사는 우리 일상만 생각해봐도 알 수 있을 것이다.

거두절미하고, 이왕 운동을 하려면 어떻게 해야 할까? 나는 X게임에

도전하라!고 권하고 싶다. 30~40대 독자들은 " 남세스럽게 무슨 소리냐?"고 하겠지만 중독성에 관한 한 높이·속도·스릴을 맛볼 수 있는 X게임을 따라올 스포츠가 없다. 지난 세대의 중독성 스포츠로는 경쟁 골프와 스피드가 높은 스키가 있다. 하지만 골프의 경우는 비록 대중화되었다고는 하나 보통 직장인들과는 거리가 있을뿐더러 체력과 건강 배양 측면에서는 약하다. 또한 알다시피 스키는 스노우보드에게 도망치듯이 자리를 내주고 있는 실정인데, 이 같은 스노우보드의 약진에는 니체의 한마디가 썩 들어맞는 답이 될 듯하다. "인생에서 가장 큰 수확과 즐거움을 얻는 비결은 위험 속에서 사는 것이다."

이처럼 위험 속에서 무엇을 얻는다는 말은 제고해볼 만하다. 위험이란 단순한 육체적 위협을 떠나 ' 일상이 아닌, 낯선, 처음 경험하는, 나에게 어울리지 않는, 남들이 하지 않는, 전혀 다른, 두려운, 등으로 풀이될 수도 있기 때문이다.

위험 속에서 생명력이 탄생한다

젊은이들이 그저 철이 없어서 X게임을 좋아할까? 아니, 그것이 미치도록 재미있기 때문이다. 더욱이 30~40대는 X게임을 시작하는 순간, 한 사람의 스타가 된다. 발을 들여놓는 것만으로도 돋보이고, 달라 보이고, 자부심과 자신감을 가지게 된다.

X게임의 세계는 무궁무진하다. 우리나라의 X게임은 아직까지는 3B,

즉 계단과 장애물을 넘나드는 스케이트보드(Board), 앞바퀴를 들고 돌진하는 BMX 자전거, 벽을 타고 공중제비를 넘는 인라인스케이트(Blade) 위주로 편성되어 있지만 최근에는 길거리 썰매인 스트릿루지, 인공암벽을 타는 스포츠클라이밍, 하늘에서 서핑보드를 타는 스카이서핑, 물위에서 타는 웨이크보드 같은 다양한 X게임이 도입되고 있다.

물론 이 게임들은 얼마간 육체적 위험이 따른다. 그러나 이것도 일과 술과 분노에 중독되는 것보다는 위험하지 않다. 또한 죽으려고 운동하는 사람이 없는 것처럼 이 스포츠들도 충분히 안전을 고려한다.

한 예로 최근 동호 인구가 갑자기 증가한 인라인스케이트의 경우 안전성에 대해 말들이 많은 것이 사실이다. 하지만 보호 장구를 착용한 인라인스케이트는 자전거는 물론 농구보다도 부상 빈도와 정도가 낮아서 자전거 탈 용기만 있으면 가족과 함께 즐겨도 좋은 스포츠다.

한편 이 X게임의 기회도 그냥 오는 것이 아니다. 여기에 몰입할 기회를 찾으려면 젊은 사람들이 위주로 구성된 동호회에 끼어드는 용기도 필요하다. 이들은 대부분 20대로 어린 젊은이들이 대부분이지만 그들은 뜻밖에 30~40대를 반긴다.

요즘 젊은이들은 나이에 대한 편견이 적고, 또한 주머니 사정도 어려우니 밥과 생맥주를 선물할 30~40대를 마다하지 않는 것이다. 그러다가 누군가 당신에게 "아저씨 미쳤어요?" 한다고 치자. 그러면 뒤로 재주 서너 바퀴 돌며 "그래, 나 미쳤다." 하면 그만이다.

09
두 드림(Do Dream)을 해라

최근 들어 색소폰 부는 사람들이 많아졌다. 한 대학 교수는 50살부터 색소폰을 시작했다. 어렸을 때 품었던 작은 소망을 이루기 위해서였다. 그렇게 1년이 지나자 많은 것들이 달라졌다. 작곡까지 할 수 있게 되면서 지금까지 80여 곡을 썼는가 하면, 그의 곡이 실내악으로 편곡되어 정식으로 연주되기도 했다.

그런가 하면 50대에 몸짱이 된 자산 운용사 대표도 있다. 그는 한 남성 잡지사가 개최한 쿨 가이 대회에서 평균 27세에 달하는 젊은 참가자 1천 200여 명을 물리치고 당당하게 1위를 차지했다. 그는 어떻게 이 대회에 참가하게 되었냐는 질문에 다음과 같이 대답했다.

"지금껏 틀에 안주하면서 살아온 제 모습에 경종을 울리고 다시 치열한 삶을 살기 위해서입니다."

…지만 할 수 있다

나는 강의장에서 "혹시 인생의 꿈이 있으십니까?" 하는 질문을 자주
던진다. 그런데 놀라운 것은 이 질문에 대부분은 "아니, 이 나이에 꿈은
무슨……" 하면서 말끝을 흐린다는 점이다. 하지만 이렇게 말하는 사
람들의 표정을 가만히 들여다보면 오히려 꿈에 대한 허기나 갈증이 느
껴진다. 그러면서도 대부분은 꿈을 갖지 못하는 이유를 "돈도 없고 더
군다나 시간도 없다."고 말한다. 여러분은 어떤가?

필자는 이런 사람들을 만나면 '내가…지만' 리스트를 만들어보라
고 권한다. 이것은 '4가지만' 이라는 뜻이 아니다. 가령 "내가 나이는
많지만", "내가 지금 돈은 없지만", "내가 지금은 공부를 못하지만",
"내가 시간은 없지만", "내가 외모는 좀 떨어지지만", "내가 몸이 왜
소하지만" 등등처럼 자신의 부족한 점을 인식하되 그것을 넘어서는
방법을 연구해봄으로써 행복을 채워가는 작업이다.

나는 전형적인 아침형 인간인데, 이 직업을 갖기 전까지만 해도 아침
잠이 많은 편이었다. 그러나 아침 8시 경에 강의를 시작하다보니 적어
도 5시 반 경에는 기상을 하게 되었다. 이것이 바로 과녁 기법이다. 화
살을 쏴보면 알 수 있지만, 과녁 없는 명중은 있을 수 없다. 즉 나는 아
침 강의가 있기 때문에 일찍 일어나게 되는 것이다.

이것은 직업과 관련된 것이기도 하지만 한편으로는 놀이와도 관련이

있다. 우리가 잘 일하고 잘 놀고 잘 쉬지 못하는 것은 맞출 과녁, 즉 꿈이 없기 때문이다. 반대로 꿈과 활력이 있으면 어떻게든 움직이게 되어 있다.

어릴 때 보았던 만화영화 「엄마 찾아 삼만리」를 기억하는가. 인생의 꿈도 저절로 나타나는 것이 아니라 그처럼 간절하게 찾아가는 여정이다.

꿈을 찾아 삼만리

꿈을 찾아가는 길은 그다지 어려운 작업만은 아니다. 쉽게 말하면 자신의 꿈을 연출하는 것이다. 지금부터 4가지 질문을 할 테니 하나씩 생각해보자.

1) 당신의 꿈은 무엇입니까? 생각나는 대로 써보세요.

2) 그 중 가장 간절한 꿈 하나를 정하세요.

3) 그 꿈이 이루어질 거라고 몇 % 확신하고 있습니까?

4) 100% 확신하는 게 아니라면 그 이유는 무엇입니까?

이 질문들은 여러분도 모르게 품고 있는 꿈의 틀과 모양새를 찾는 작업이다. 대강의 형체를 그렸다면 다음은 그 꿈을 이루기 위해 무언가를 실행해야 한다. 여기서의 실행이란 앞서 말한 것처럼 과녁을 만드는 일이다. 나는 이것을 〈Do Dream 7〉이라고 칭하는데, 지금부터 그 항목들을 소개하겠다.

1) 앞으로 1년밖에 못산다면 무엇을 하고 싶은가?

2) 만약 복권에 당첨되어 큰돈이 생기면 무엇을 하고 싶은가?

3) 항상 해보고 싶었는데 자신이 없어 못해본 것이 무엇인가?

4) 일단 하면 시간가는 줄 모르고 집중할 수 있는 것은 무엇인가?

5) 자신에게 만족감과 자부심을 주는 일은 무엇인가?

6) 살면서 가장 중요하고 의미 있는 가치는 무엇인가?

7) 절대 실패하지 않는 가정 하에 꼭 하고 싶은 것은 무엇인가?

이 질문에 답하면서 가장 의미 있는 것 3가지를 정한 뒤, 또다시 이 3 가지 중 가장 간절한 것을 정하면 된다. 그게 바로 당신의 꿈이다. 물론 이 과정을 거치고 나서도 당신은 이런 생각을 할 것이나. "가장 간절한 꿈을 정한다 한들 정말 그것이 이루어질까?"

그렇다. 마음속에 간절히 그린 꿈은 반드시 이루어진다. 강철왕 앤드류 카네기는 이렇게 말했다.

"나는 평생 동안 목표를 종이에 적고 하루 두 번 기상 후 취침 전 종이에 쓴 목표를 큰 소리로 외친다는 두 가지 원칙을 실천했습니다. 그결과 1주일에 1달러 20센트를 받던 면화공장 직원에서 개인 재산만 4억 달러가 넘는 거부로 성장하게 되었습니다."

좋아하는 것을 열심히 하면, 하늘이 돕는다. 만일 아직도 꿈이 없다면 꿈을 찾는 여행 Do Dream 7을 실행하라. 꿈은 꾸는 자의 몫이다.

10
잘 놀기!
타임 매니지먼트가 핵심이다

한 조사에 의하면 진취적인 성격으로 유명한 미국인들조차도 80%가 연초에 세운 계획을 연말까지 지속시키는 데 실패한다고 한다. 새해 목표를 설계한 후 1주일 안에 23%를, 한 달이 지나면 45%를 포기하면서 결국은 계획을 이어가지 못하게 되는 것이다.

가령 매일 30분 동안 운동을 하겠다, 금연을 하겠다, 가족 여행을 하겠다, 한 달에 한 번 봉사활동을 하겠다 등의 계획을 세웠다고 치자. 하지만 3일 천하, 길어야 1주일 천하로 끝나는 게 태반이다. 이런 현상은 왜 일어나는 것일까?

최근 밤을 새며 일하는 이들이 많아지면서 '생체시계의 경고'가 화제에 오르고 있다. 낮에 일하고 밤에는 자야 하는 자연스러운 생명의

리듬을 벗어날 경우 원인불명의 질병이나 증후군, 수면장애는 물론, 우울증과 분열증 등의 정신적 문제까지 발생할 수 있다는 것이다. 실제로 '사회적 시차증' 즉 사회에서 공인한 시간과 체내 시간이 차이가 큰 사람일 경우 질병 발생 증가율이 더 높다고 한다. 밤새서 일하고, 밤새서 놀 만큼 바쁜 사람들은 자신의 건강과 생명을 깎아먹으면서 살아가는 셈이다.

그런데 이런 이들에게 "왜 밤을 새서 일하거나 놉니까?" 물으면 대부분은 '그것을 할 시간이 없어서'라고 말한다. 그렇다면 우리는 왜 이렇게 바쁠까? 정말로 하루 24시간이 부족해서일까?

시간낭비를 줄이면 가용 시간자원을 얻는다

수년 전 다국적기업 S사 한국 지사에 다니는 이민수 팀장에게 재미있는 실험을 의뢰한 적이 있었다. 9월 한 달간 만난 사람과의 대화 내용을 기록한 다음 일주일이 지났을 때 하나씩 점검해보는 실험이었다.

이 실험 하에 이 팀장은 9월에 업무상으로 사적으로 모두 57명을 만났다. 그런데 그중에 "꼭 필요한 만남이었다."는 사람은 38명이었고, "꼭 필요하지는 않았다."가 11명, "이런 저런 이유로 차라리 만나지 말아야 했다."가 8명이었다. 그런데 다시 일주일이 지난 다음 "꼭 필요한 만남이었다."는 사람이 3명 줄어들었다. 그리고 다시 일주일 후, 2명이 더 줄어들었다. 즉 그의 경우 한 달간의 만남 절반이 조금 넘는 58%만이 꼭 필요한 만남이었던 것이다.

물론 이는 주관적인 면이 강하고, 만나봐야 별 소득 없을 것이라고 짐작했다가 훌륭한 인간관계를 놓치는 경우도 적지 않으므로 해석에 주의가 필요하다. 하지만 여기서 중요한 사실은 하나다. 사실상 불필요한 만남이었다고 여겨진 42%를 만날 만큼의 가용할 시간 자원이 이 팀장에게 있었다는 사실이다.

대부분은 시간 낭비를 아깝다고만 생각한다. 하지만 뒤집어 생각하면 이는 그만큼의 가용할 시간 자원이 있다는 뜻이기도 하다. 만남뿐만 아니라 꼭 하지 않아도 될 일, 쓸데없는 전화, 형식적인 회의와 보고 등등 무수한 시간이 쓰레기통 속으로 버려지고 있다. 그리고 이것이 당신의 뒤를 하이에나처럼 뒤쫓고 있는 것이다.

전체와 방향을 봐야 한다

비쁘기만 한 것은 결코 올바른 시간관리가 아니다. 요즘 소개되는 시간관리 기법은 대개 "시간을 세밀하고 철저히 관리해서 하루 24시간을 25시간처럼 쓰라."고 권한다.

즉 시간을 더 많이 벌어 쓰자는 이야기다.

그러나 나는 이 주장들에 반대한다. 나는 시간을 쪼개 알차게 활용하자는 것이 아닌 여유를 갖는 시간관리가 훨씬 질 높다고 믿는다. 이를테면 쓰레기통에 버리는 시간을 줄여 여유를 갖고 놀이와 사랑과 자기계발과 성찰에 더 많은 시간을 투자하자는 뜻이다.

늘 바쁜 사람은 나무만 보고 숲을 못 본다. 이렇게 되면 일 처리도 깔

끔하지 못하고 착오로 같은 일을 반복하게 된다. 공부 못하는 학생이 책가방만 무거운 것과 비슷하다.

지금부터 바쁜 당신을 위한 작은 제안을 하나 하겠다. 바로 시간쓰레기종량제 No 4 이다.

첫째, 미루지 말라

시간에 쫓기는 사람들에게는 한 가지 공통점이 있다. 지금 해야 할 일을 미루는 버릇이다. 일을 미룬다는 것은 몇 가지 위험 요소를 가진다. 우선 그 일의 중요한 요지를 잊고 일이 뒤죽박죽되어 같은 일을 두 번 하는 이른바 삽질이 반복된다. 삽질 자주 하는 사람만큼 바쁜 사람이 없다.

둘째, " No! "라고 말하라

바쁜 사람은 대개 우유부단하다. 늘 쓸데없는 약속에 휩쓸리고 남의 부탁을 들어주다가 막상 자기 시간은 놓치고 만다.

몇 해 전 우연히 고교동창을 만났다. 그는 내가 무슨 부탁을 하든 "OK! "하는 사람이었다. 그런데 몇 달을 지내다 보니 그 부탁의 절반은 시한이 임박해서 취소됐다. 알고 보니 김 씨는 무작정 약속을 하고는 시간에 쫓겨 지키지 못하는 경우가 많았고, 그러다보니 신뢰를 잃은 경우에 해당됐다.

셋째, 우선순위를 정하라

시간관리를 한 마디로 표현하자면 "우선순위 정하기"다. 즉 시간을 쪼개 쓰는 게 아니라 순서를 정하는 작업인 셈이다. 이에 대해 『성공하는 사람들의 7가지 습관』의 저자 스티븐 코비는 타임 매트릭스를 통한 자신의 시간관리를 소개하고 있다.

	긴급함	긴급하지 않음
중요함	**1** _ 위기 _ 실행시간이 가까워진 프로젝트, 회의 준비	**2** _ 준비/예방 계획 _ 가치관 정립 _ 관계구축 _ 휴식
중요하지 않음	**3** _ 중요하지 않은 전화 _ 쓸데없는 참견 _ 다른 사람의 사소한 문제 _ 주변 사람들의 눈치(opi)	**4** _ 지나친 TV시청 _ 끝없는 전화 _ 2차, 3차 모임 _ 지나친 컴퓨터 게임

그는 하루에 처리해야 할 일을 위 그림처럼 4개의 구역으로 나눈다. 밥줄 끊어지지 않으려면 당연히 Ⅰ구역의 '긴급하고 중요한 일'이 우선이다. 그러나 사실상 가장 중요한 것은 Ⅱ구역인데, 이 구역은 꾸준히 시간을 할애하면 된다. 문제는 Ⅲ, Ⅳ구역이다. 이중에 Ⅲ구역은 당장 눈앞에 닥친 일이므로 중요한 것처럼 보인다. 나아가 Ⅳ구역은 해도 그만 안 해도 그만인 시간낭비 구역이다. 중요한 것은 Ⅲ, Ⅳ구역을 집중관리하고 털어내 남은 시간을 가장 소중한 Ⅱ구역에 활용하거나 차라리 휴식을 취하는 것이다.

216

넷째, 퍼스널 오거나이저(personal organizer)를 활용하라

첨단 전자수첩이나 PDA는 물론 구식 다이어리와 심지어 포스트잇도 훌륭한 퍼스널 오거나이저가 된다. 억대 연봉 생활설계사 김씨가 주변 사람에게 늘 하는 말이 있다. "내 연봉의 90%는 포스트잇 덕택입니다."

김씨는 포스트잇에 그날 만나야 할 사람과 할 일을 적어 우선순위에 따라 수첩 안쪽에 붙인 다음 일을 마치면 하나씩 떼어낸다. 또한 접이식 수첩 왼쪽에는 긴급하고 중요한 일을, 오른쪽에는 긴급하지 않고 중요한 일을 적어 붙인다. 얼마 전 '오프(OFF · 휴식)학' 이라는 화두로 유명해진 세계적인 경영컨설턴트 오마에 게이치는 이렇게 주장했다.

"온(ON · 일)의 효율성을 높이려면 오프(OFF · 휴식)의 밀도와 질을 끌어 올려야 한다." 그는 'on mode(일하는 상태)' 에만 치우쳐 'off mode(휴식 상태)' 를 즐기지 못하는 사람은 절대 성공할 수 없다고 강조한다. 결국 잘 쉬고 잘 노는 사람이 성공한다는 이야기다.

가만히 생활에 주파수를 맞추고 자신의 살아가는 방식을 살펴보자. 퇴근 후 아무 목적 없이 동료와 어울려 술잔을 기울이며 뒷담화에 열을 내거나, 하릴없이 저녁 늦게까지 멍하게 TV나 보면서 어정쩡한 상태로 시간을 흘려보내고 있지 않은가? 이는 시간관리의 스위치가 망가진 상태, 나아가 영혼의 스위치까지 고장 난 것과 다름없다.

서양 속담에 "1야드는 어렵지만, 1인치는 쉬운 법이다." 란 말이 있다. 만일 거창한 다짐이 있다면 그 목표를 잘게 쪼개서 〈On〉에서 〈Off〉로 과감하게 전환하라. 더 이상 휴식에 대한 공포로 떨지 말라. 휴식은 상상력의 밑천이자 혁신의 원천이고, 경쟁력의 자산이다.

11
심마니가 돼라

뭔가를 성취하고 싶으면 심마니가 되어야 한다. 여기서 심마니란 산삼 캐는 사람들이 아니라 '마음 心(심)'자를 따서 만든 '마음이 옹골찬 사람'을 뜻한다. 그렇다면 굳건한 다짐으로 자신의 삶을 일구어가는 심마니가 되려면 어떤 과정을 거쳐야 할까?

여기서 주관식 문제 하나 내겠다. 세상에서 가장 '맛있는 감'과 '맛없는 감'은 무엇일까? 그 답은 이렇다. 세상에서 가장 맛있는 감은 '자신감', 가장 맛없는 감은 바로 '열등감'이다. 심마니가 되려면 '나는 의지가 굳지 못해.'라고 생각하는 열등감을 버리고 지금부터 할 수 있는 것들을 실천해내겠다는 자신감이 필요하다.

작심(作心)을 하라

뭔가를 이루려면 먼저 작심이라는 다리를 건너야 한다. 즉 그것을 하겠다고 마음먹는 것이다. 살면서 뭐 하나 제대로 이루지 못했다고 생각한다면 그 첫 번째 이유는 이 작심을 안했기 때문이다. 모 이동통신사의 광고 문구 중에 이런 게 있다.

"생각대로 해! 그게 정답이야."

작심이 어렵다는 건 자신만의 생각이 없다는 것과 비슷하다. 모든 작심은 깊은 생각에서 출발하고, 그 생각이 바로 인생의 디딤돌이 된다. 더욱이 생각을 하는 데는 돈도 들지 않는다.

초심(初心)을 지켜라

작심의 다리를 건너면 이번에는 초심의 다리가 나타난다. 이 다리는 우리에게 많은 것을 선물해준다. 첫사랑, 첫 출근, 첫 만남 등 풋풋하고 생기 있는 것들이다. 첫 출근해서 사령장을 받았을 때를 생각해보자. 모든 것을 다 이룬 것처럼 자심감이 넘치고 용기가 불끈 솟았을 것이다. 마치 소풍 가듯이 신바람이 났을 것이다.

"나는 날마다 회사를 출근할 때 소풍 가는 기분으로 갑니다. 일하러 가는 것이 아니라 소풍 가는 날처럼 즐거운 마음과 희망을 가지고 오늘 할 일을 그려봅니다."

(故)정주영 회장의 말이다. 이처럼 초심은 작심을 하고 난 이들이 첫

번째 성취를 이뤘을 때 주어지는 프리미엄이다. 따라서 이 프리미엄을 잃지 않으려면 날마다 자신을 새롭게 무장해야 한다.

열심(熱心)으로 임하라

초심의 다리를 건너고 나면 세 가지 열매를 맛보게 된다. 처음 열매는 '열심' 이다. 이 열매를 먹으면 하는 일에 남다른 정인 열정을 가지게 되고, 그 다음에는 진심으로 그 일을 사랑하게 되는데, 그것이 바로 '열애' 다.

이 세 가지 열매를 먹어보지 않고서는 성공의 진미를 맛볼 수 없다. 필자는 이런 상태를 잡혼(Job魂), 즉 일에 대한 혼이라고 칭한다.

올해 66세로 우리나라 최고령 여자비서인 대성그룹의 전성희 이사는 다음과 같이 말했다.

"커피 타는 것을 싫어해서는 안 됩니다. 커피 타는 것은 집에 오는 손님을 정성껏 대접하는 그 이상입니다. 저는 한번 찾아온 손님에게도 커피에 프림과 설탕을 얼마나 넣는지 일일이 메모합니다. 이 손님이 다시 오시면 알아서 커피를 내놓는데 손님들도 감탄합니다."

무엇을 하는가는 문제가 되지 않는다. 그것을 어떻게 하느냐에 달려 있다. 자신에게 주어진 일을 소중히 여기고 최선으로 임하는 것이 바로 열심의 다리를 건너는 법이다.

뒷심을 가져라

작심을 하고 초심을 부팅해서 열심을 담았다면, 이제 성취를 향한 8부 능선에 오른 셈이다. 그 다음으로는 다소 지루한 '뒷심의 다리'가 나타난다. 여기서 작심(作心)이 늘 데리고 다니는 친구를 보자. 그 친구의 이름은 '3일'이다. 8부 능선에 오르면 정상이 보여야 하는데 느닷없이 '3일'이란 친구가 불쑥 나타나 시야를 흐리게 만들어 성취를 방해한다. 이는 성취의 길을 막는 신종플루와 같다. 이 병에 걸리면 '포기'라는 것을 하게 되며, 바로 이 시점에서 승패가 갈린다.

따라서 이 포기를 막아내려면 1차 백신을 접종해야 한다. 바로 '오기'라는 백신이다. 8부 능선의 당신을 현혹시키는 이 포기도 오기 앞에서는 어쩔 수 없이 물러나게 되고, 이로써 우리는 하고 있는 일을 지속할 수 있는 뒷심 면역체계를 구축하게 된다. 발레리나 강수진 씨는 사신이 세계적인 프리마돈나가 될 수 있었던 이유를 다음과 같이 말한다.

"꾸준한 노력이죠. 공부나 발레나 똑같아요. 저는 중학교 때 새벽 4시에 일어나 남산 도서관에서 공부하고, 점심시간에는 밥을 5분 안에 먹고 남들 쉴 때 연습했어요. 그리고 오후 5시까지 공부하고, 다시 밤 10시까지 발레 연습을 했죠. 집에 가서는 다시 공부했어요."

연습벌레인 그녀는 지금도 하루 15시간 이상 연습하고 한 시즌에 발레 슈즈를 250켤레나 버린다니 가히 무서운 뒷심의 소유자라고 부를 만하다.

뚝심을 가져라

어렵게 4개의 다리를 무사히 건너면, 마지막 다리인 '뚝심의 다리'가 남는다. 정상으로 가는 길은 곳곳에 암초가 있어 여간해서는 성취의 문을 열어주지 않는다. 한 예로 세상에서 가장 높은 산인 8천 8백 48m에 베레스트를 정복한 사람은 에드먼드 힐러리 경이다. 이 산에서 가장 어려운 관문은 바로 '힐러리 스텝'이라고 부르는 정상 바로 직전의 수직 직벽 12m이다. 그리고 힐러리 경은 이 직벽을 타고 오르는 무시무시한 수업료를 지불하고 승자가 되었다.

이처럼 정상 목전엔 당신의 인내력을 실험하는 아주 강한 놈(?)이 기다린다. 바로 1차 백신을 이겨낸 더 강해진 변종 '포기'이다. 이것이 마음을 흔들 때 뭘 해야 할까? 좀 더 강한 2차 백신을 섭종해야 하는데 바로 '죽기 아니면 까무러치기'다. 이 백신 한방으로 포기를 뿌리째 뽑아야 한다. 이 과정을 건너내면 드디어 그 무엇으로도 부너뜨릴 수 없는 강한 면역체계인 뚝심을 구축하게 된다.

지금 톱날을 갈아라

9급 공무원 생활을 하다가 독일로 건너가 간호보조원 생활을 거쳐 명문 쾰른대에서 철학박사 학위를 따고 우리나라 여성대사까지 지낸 김영회 전 세르비아 대사는 "안 되는 이유를 먼저 찾는 사람은 이미 그 상황에 진 것이다. 당신의 긍정과 열정 앞에 좌절은 없다."고 말한다.

이쯤해서 어른들을 위한 동화 한편을 소개하겠다. 어떤 이가 하루는 숲속으로 산책을 나갔다가 나무꾼을 만났다. 그런데 나무꾼이 하도 애를 쓰고 있기에 다가가서 자세히 보니 톱날이 엉망이었다. 그래서 나무꾼에게 말했다.

"실례지만 톱날이 너무 무디군요! 날을 갈아서 쓰면 훨씬 일이 쉬울 텐데요."

그러자 나무꾼은 지친 표정으로 한숨을 내쉬며 말했다.

"그럴 시간이 없어요. 나는 이것을 빨리 잘게 쪼개서 장작으로 만들지 않으면 안 됩니다."

당신은 언제 톱날을 갈 생각인가? 무엇을 성취하는 과정은 앞서 소개한 5개의 다리를 건너지 않고서는 결코 이루어지지 않는다. 작심이 ➡ 초심이 ➡ 열심이 ➡ 뒷심이 ➡ 뚝심이 다리다.

중국 속담에 이런 말이 있다.

"문은 스승이 열어 주지만 그 안으로 들어가는 것은 당신 자신이다."

잘 쉬고 잘 노는 일도 마찬가지다. 톱날을 갈려면 우선 잘 쉬겠다는 작심, 그 마음을 지켜내는 초심, 열심히 놀고 열심히 삶을 사랑하는 열심, 끝까지 버텨보는 뒷심, 일관되게 밀고 나가는 뚝심이 필요하다.

내 인생의 마스터
피스가 되는 길

01
소품 - 일품 - 진품
그리고 명품 인생

얼마 전 '라이프 인 어 데이'라는 거국적 프로젝트가 시행된 적이 있었다. 유튜브가 주도한 이 프로젝트는 13세 이상의 유저들에게 7월 24일 하루 동안의 삶을 찍어서 올려달라는 제안을 했고, 무려 197개 나라의 8만 명이 자신의 하루를 찍어 이 사이트에 올렸다. 이 영상들을 합쳐서 틀면 무려 4500여 시간에 달하는데, 연인 간의 설레는 프러포즈, 가족에 대한 애틋한 사랑, 헤어진 연인을 그리워하는 마음 등 꾸밈없는 평범한 일상들이 제각각 다채로운 삶을 보여준다. 얼굴색도 언어도, 사는 곳도 다르지만 모두가 인간이면 누구나 겪는 희로애락을 즐기고 이겨내며 자기 삶의 주인공으로서 살아가고 있는 것이다.

하지만 우리는 자신이 자기 삶의 주인공으로서 살아가고 있다는 사실을 종종 잊는다. 팍팍한 현실에 묻혀버린 채 빛나는 삶의 순간들을 놓쳐버리는 것이다.

"서른이면 나도 취직해서 장가를 갈 거라고 생각했지. 내 부모님과 내 집사람과 오손도손 살아갈 거라고. 돌아보면 다시 같은 자리. 시간은 너무 빨리 흘러갔어. 내 집 살라고 모아둔 통장엔 몇 푼 안 된 돈만 있는 내 나이 서른 되어 많은 고민들로 복잡한 머리와 수많은 기대가 나를 억누르고 터질 것만 같은 답답한 마음은, 서른이란 나이가 너무 빨리 온 거야."

어딘가 익숙한가? 가수 박상민의 「서른이란」 이라는 노래의 가사다. 아마 많은 30대들이 이 노래를 듣고 자기 처지를 떠올릴 것이다.

이처럼 한 시대의 가요는 그 시대를 살아가는 보통 사람들의 애환을 담는다. 이 노래에서 드러나는 혼란스러운 현실과 나이는 비단 노래가사로만 존재하는 것이 아니다. 실로 요즘 사람들은 인생을 어떻게 살아나갈 것인지 그 답을 찾기 어려워한다. 무엇을 어떻게 하면 살고 싶은 인생을 살 수 있을까? 이런 고민이 한층 깊어지면 대개 다음의 4가지로 압축된다.

첫째, 나는 누구인가? 둘째, 나는 이 일로 성공할 수 있을까? 셋째, 내 인생은 어떻게 될까? 넷째, 그렇다면 대안은 무엇인가?

본업으로 성공하라

인생에서 성공하는 길은 여러 가지다. 앞서 살펴본 錢(돈)부자, 業(일)

부자, 夢(꿈)부자, 心(마음)부자가 그것이다. 어느 길을 선택하는가는 가치관 문제다. 그렇다면 성공을 위해서는 무얼 해야 할까? 무엇보다 중요한 건 인생의 큰 그림을 그려 선택과 집중을 시도하는 것이다.

수 년 전 우리 일터에 광풍처럼 불어 닥친 코드가 있다. 바로 「10억 만들기」다. 그 진원지는 K씨가 쓴 『10억 만들기』라는 재테크 서적이었다. 이 책이 100만 부 판매고로 서점가를 강타한 뒤 샐러리맨들의 돈에 대한 사고가 크게 전환되었다. 그러나 한편으로 이 책은 샐러리맨들이 자신의 성공 무대를 간과하고 곁눈질을 하도록 만드는 역효과를 낳았다. 많은 이들이 이 책의 지침에 따라 성공한 인생의 바탕을 부동산, 주식 등에서 찾아 헤매면서 크고 작은 실패와 좌절을 겪었고, 동시에 이는 일과 일터 탈루 현상을 불러왔다.

쉽게 말해 본업(本業)을 경시하고 부업(副業)을 통해 성공한 인생을 이루겠다는 웃지 못할 풍토가 자리 잡게 된 것이다. 그렇다면 실제로 재테크로 10억을 만든 직장인은 얼마나 될까? 이 책을 읽고 정말로 10억 만들기에 성공한 이들이 주변에 있었는가?

최선을 다하고 끊임없이 즐거워하라

자신이 하는 일에 열정을 다하는 Salarymanship, 즉 머슴 의식을 가진 이들은 나름의 성공 로드맵을 가지고 있다. 나는 이를 '성공한 K상무 로드맵' 이라고 부른다.

이것은 쉽게 말해 하는 일로 Masterpiece(Maestro)가 되는 것이다.

여기서 간단한 퀴즈 문제를 내겠다. 다음에 소개된 세 사람의 공통점은 무엇인가?

A: "나는 날마다 회사를 출근할 때 소풍 가는 기분으로 갑니다. 일하러 가는 것이 아니라 소풍가는 날처럼 즐거운 마음과 희망을 가지고 오늘 할 일을 그려봅니다."

B: "나는 세상에서 가장 신나는 직업을 가지고 있다. 매일 일하러 오는 것이 그렇게 즐거울 수가 없다. 거기엔 항상 새로운 도전과 기회와 배울 것이 기다리고 있다."

C: 나는 일요일 가장 싫습니다. 왜냐하면 일요일엔 할 일이 없기 때문입니다.

이들은 모두 세계 거부이자 일에 대한 열정이 대단했다는 공통점을 가진다. A는 현대그룹을 창업한 (故) 정주영 회장, B는 세계 최고 부자 빌 게이츠, C는 (故) 앙드레 김이다. 이들은 자기 일을 통해 마스터피스로 성공했고, 자신의 직업에 헌신적으로 봉사한 이들이었다.

명인의 길

언젠가 새로 오픈한 모 백화점 샵 마스터들을 대상으로 한 '직장인의 자세'라는 교육에 강사로 나간 적이 있었다. 그때 나는 가장 먼저 이렇게 말했다.

"여러분들! 여든이 될 때까지 이 일을 하십시오. 머리가 하얘질 때까지 노력해서 우리나라 최고 세일즈 마에스트로가 되기길 바랍니다. 상상해보세요. 하얀 머리를 한 여러분이 백화점 매장에서 손님을 맞이하는 멋진 모습을 말입니다."

한 사람이 태어나서 성공의 길을 가려면 3단계를 거쳐야 한다. 바로 범인(凡人) ➡ 달인(達人) ➡ 명인(名人)의 과정이다. 즉 자기창조란 결국 Survival(생존)에서 Success (성공) 으로 나아가 Masterpiece(원판)이 되는 작업인 셈이다. 그렇다면 각각의 단계에서 해결해야 할 문제는 무엇일까?

첫째, 범인(凡人)의 단계에서 해야 할 일

범인의 과정은 직업을 가지면 누구나 밟는 것이다. 가령 신입사원이 그렇다. 이 단계에서 가장 중요한 것은 기초다. 이 단계에서 기초를 다져놓지 않으면 평생 고생하기 때문이다. 또한 이 과정을 어떻게 보내느냐에 따라 인생이 판이하게 달라진다. 문제는 기초란 건 눈에 잘 보이지 않는다는 점이다. 성공하려면 기본기부터 다져야 하는 만큼 이 시기에는 기초 확립에 신경을 써야 한다.

둘째, 달인(達人)의 단계에서 해야 할 일.

달인의 단계에는 다리가 하나 있다. 바로 '선택'이라는 상판과 '집중'이라는 교각으로 이루어진 다리다. 내가 가장 좋아하는 TV 프로 「생활의 달인」은 보통 사람들이 주인공이라 더 매력 있다. 이 프로가 주는 메시지는 지극히 간단하다. 누구나 성공할 수 있다는 것이다. 그렇다면 이들은 어떻게 해서 각자의 분야에서 달인의 자리에 올랐을까?

첫째, 이 프로의 주인공은 평생 한 가지 일에 몰두했다. 가령 세탁물 나르기, 타이어 쌓기, 드럼통 옮기기, 포장하기, 나무 자르기, 스탬프 찍기, 접시 닦기, 불량품 골라내기, 드럼통 옮기기, 박스 쌓기 등등 그야말로 지극히 평범한 일들임에도 이들의 솜씨는 감탄을 자아낼 만큼 비범하다.

둘째, 이들의 삶에 대한 태도도 중요한 포인트다. 이들은 굳이 돈을 많이 벌지 않더라도 자기 일에 큰 자부심을 가지고 있다. 비록 인생역전을 바란다 해도 이들은 결코 한눈을 팔지 않는다

셋째, 명인(名人)의 단계에서도 할 일이 있다.

『아웃라이어』의 저자 말콤 글레드 웰은 이렇게 썼다.

"〈1만 시간의 법칙〉이라는 게 있다. 이는 위대함 즉 名人(명인)을 낳는 매직 넘버다. 이 매직 넘버는 어느 분야에서든 세계수준의 전문가, 마스터가 되려면 1만 시간의 연습이 필요하다는 것이다. 작곡가, 야구선수, 소설가, 스케이트 선수, 피아니스트, 체스선수, 숙달된 범죄자, 그밖의 어떤 분야에서든 연구를 거듭하면 할수록 이 수치를 확인할 수 있

다. 여기서 1만 시간은 어떤 의미를 가질까? 대략 하루 세 시간, 일주일에 스무 시간씩 10년간 연습해야 한다. 어느 분야에서든 이보다 적은 시간을 연습해 세계 수준의 전문가가 탄생한 경우를 발견하지는 못했다."

명인의 단계는 누구나 부러워하는 경지다. 이 단계는 하나의 원판이 되는 단계며, 오랜 숙련과 더불어 불광불급(不狂不及)의 내공이 있어야 가능하다. 윤생진 금호아시아나그룹 인재개발원 전무가 바로 이런 단계에 서 있다. 그는 아이디어 1만 8천 600건 제출, 특진 7회, 대통령 표창 5회, 국제특허 17개를 보유한 인재로서 수많은 일화를 남겼다. 집안 형편이 어려워 고교 졸업 후 생산직으로 금호타이어에 입사했다가 특진을 거듭해 대기업 임원까지 올랐다는 독특한 이력도 그 일화 중에 하나이다.

나아가 세계저인 의상디자이니 (故) 앙드레 김 씨도 자기 분야의 마스터피스이다. 그는 생전에 매일 아침 5시 30분에 일어나 17개 조간신문을 샅샅이 읽고 7개 방송 채널을 두루 봤다고 한다. 실제로 그의 집에는 TV가 7대나 있다. 세상 돌아가는 것에 대해 눈을 열어 놓기 위해서다. 한번은 어떤 인터뷰에서 그는 이렇게 말했다.

"저는 항상 꿈을 꿉니다. 그래서 나이 드는 것을 잘 못 느껴요."

이처럼 한 분야의 명인이 된다는 건 결국 당신이 어떻게 당신의 경험이나 지식을 가공하느냐가 관건이며, Best 1이 아니라 Only 1의 길을 걷는 것과 같다. 즉 누구도 대신할 수 없는 유일한 사람이 되는 것이다.

당신의 얼굴을 가질 때까지

대구에 있는 모 대학 본관 1층에는 특이한 액자가 하나 걸려 있다. 이 액자에는 아무것도 없는 백지가 들어 있는데 액자에는 백지라는 뜻을 가진 라틴어 '타불라 라사(Tabula Rasa)'라는 제목과 함께 "우리가 얼굴을 가질 때까지"라는 부제가 붙어 있다.

당신이 지금 하는 일은 세상에 유일한 얼굴을 그려내는 과정이다. 이 백지에 당신은 어떤 얼굴을 그려 넣을 작정인가?

'Best 1'을 찍고 'Only 1'으로 가는 길을 지금부터 찾아야 할 때다.

02
'무조건 열심히' 의 삶 VS
'창조와 영감' 으로 사는 삶

　질문을 하나 하겠다. 노키아와 보잉사의 공통점은 무엇일까? 정답은 글 말미에 소개하겠다. 다음은 다니엘 핑크의 『새로운 미래가 온다』의 서문 글귀다.

　"미래는 다양한 사고를 가진 각양각색의 사람들(창작하는 사람, 타인과 공감하는 능력을 가진 사람, 패턴을 읽는 사람, 의미를 부여할 수 있는 사람 등)의 시대다."

　그는 이 책에서 이제 하이 컨셉(High Concept), 하이 터치(High Touch) 시대가 도래했다고 밝히면서 다음의 조건을 요구했다.

　첫째, 기능만으로는 안 된다. 디자인으로 승부하라, 둘째, 단순한 주장으로는 안 된다. 스토리를 겸비하라. 셋째, 집중만으로는 안 된다. 조화를 이루어야 한다, 넷째, 논리만으로는 안 된다. 공감이 필요하다. 다섯째, 진지한 것만으로는 안 된다. 놀이도 필요하다. 여섯째, 물질의 축적만으로는 부족하다. 의미를 찾아야 한다.

즉 그는 미래의 인재 조건으로 디자인, 스토리, 조화, 공감, 놀이, 의미를 제시했다.

창조성과 공감은 놀이를 통해 자란다

그림 1

다니엘 핑크가 제시한 위 그림을 보자. 이 그림은 우리 시대가 농경 시대에서 하이컨셉 시대로 진화하고 있음을 보여준다.

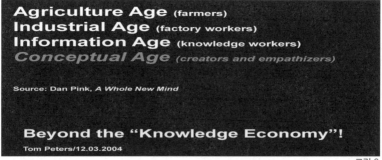

그림 2

또한 이것을 풀어보면 그림(2)처럼 우리 사회가 '농경시대 ➡ 산업시대 ➡ 정보화시대 ➡ 영감의 시대'로 변하고 있음을 알 수 있다.

그런데 중요한 것은 각 시대마다 주인공이 다르다는 것이다. 농경시대의 주역은 농부, 산업시대의 주역은 공장 근로자, 정보화시대의 주역은 지식 근로자였다. 그렇다면 영감시대의 주인공은 누구일까? 바로 창조자와 공감 능력의 소유자이다.

이는 우리 사회의 판도가 크게 바뀌고 있음을 보여준다. 쉽게 씨름을 보자. 우리 씨름과 일본의 스모는 비슷하다. 둘 다 모래판에서 하는 경기이기 때문이다. 하지만 국가의 특성에 따라 경기 방식은 전혀 달라서 스모 우승자가 우리 씨름에서 우승하지 못하고, 우리 천하장사가 일본 스모에서 우승하기 힘들다. 형식이 나라를 오가면서 판이 바뀌고, 판이 바뀌면 적용되는 룰과 방식도 바뀌기 때문이다.

흔히 이런 것을 패러다임 변화라고 칭하는데 이런 패러다임 변화에는 반드시 진화라는 코드가 끼어든다. 살아남는 것이 진화한다는 찰스 다윈의 말처럼, 생존하는 사람은 힘이 거나 아주 영리한 사람이 아니라, 변화에 잘 대응하는 사람인 것이다. 또한 이런 사람들은 부단한 진화를 통해 자신의 생존력을 높여간다.

통섭형 인재가 뜬다

이 주제를 보다 쉽게 이해하기 위해 잠시 눈을 돌려볼 곳이 잇다. 정준양 포스코 회장이 멕시코 자동차 강판 생산공장 준공식 뒤 가진 간담

회에서 밝힌 R&BDE 모델이다. 이 신조어는 'Research and Business Development Engineering'의 줄임말로 기존의 R&D 개념에 비즈니스(사업화)와 엔지니어링(상용화 기술)의 중요성을 더한 새로운 모델로서, 상당수 R&D와 기술이 개발 뒤 특허를 받는 선에 그쳐 사업화(Business)와 상용화(Engineering)에 실패했다는 문제의식에서 시작되었다. 즉 아무리 좋은 기술도 실제적인 상용화가 어렵다면 아무 소용없다는 의미이다.

또한 그의 인재론도 눈여겨볼 만한데, 그는 기술 시대를 이끌 인재를 프로페셔널리스트(professionalist), 스페셜리스트(specialist), 버서타일리스트(versatilist) 등의 세 가지로 압축했다.

일반적인 업무를 '프로의식'을 갖고 철저하게 처리하는 사람(professionalist)이 될 것인지, 특정 분야의 전문가(specialist)가 될 것인지, 아니면 어떤 상황에도 대처할 수 있는 다재다능한 인재(versatilist)가 될 것인지를 미리 정해야 한다는 얘기다.

특히 이중에서 버서타일리스트는 새로운 개념인데, 통섭형 인재에 그 근원을 두고 있다. 통섭형이란 일종의 진화된 인재로서 다니엘 핑크가 언급한 6가지 조건을 갖춘 인재이다.

창조성과 열정은 휴식에서 나온다

최근 기업들이 추진하고 있는 놀이문화도 이런 맥락에서 접근하면 그 본질을 알 수 있다. 그렇다면 어째서 기업 운영에서 놀이가 중요해졌을까? 그 답은 앞서 말한 것처럼 이 세상이 영감의 시대로 진입하고 있고, 그 주역은 창조자나 열정자이기 때문이다. 이는 언뜻 "너의 게임을 즐겨라. 그러면 그 게임을 지배할 것이다. (Enjoy your game and you will dominate the game.)"라는 유명한 말을 떠올리게 한다. 이는 히딩크 감독이 2002 한일월드컵에서 태극전사들과 500여 일을 동고동락하며 매일 주문했던 이야기다. 그뿐인가. 최근 구글이나 HP 같은 초일류 기업에서도 놀이라는 새로운 감성을 장려하고 있는데, 이 또한 '일을 놀이처럼', '놀이도 일처럼' 하자는 취지에서 비롯된 것이다.

이는 일본도 마찬가지다. 연간 휴일 140일, 하루 7시간15분 근무, 동종업계보다 10% 높은 급여, 5년마다 회사 경비로 전 직원 해외여행, 직원 783명 모두 정규직, 육아휴직 3~9년, 70세 정년!

바로 괴짜경영으로 유명한 일본 미라이공업사의 직원 복지 목록이다. 이 회사의 창업주는 그 자신은 전기료를 아끼고, 파자마를 입고 집무를 보면서도, 직원들에게는 항상 "쉬어라!", "놀아라!", "일 좀 그만해라!" 라고 외친다. 그럼에도 이 회사의 생산성은 업계 최고로 시장 점유율은 무려 80%에 육박하고, 매년 13~15%의 경상이익률을 기록하고 있다.

영감의 시대에는 휴식도 자산이다

한때 가시철조망이 깨진 유리병과 더불어 위력적인 담벼락 방범시설이던 시대가 있었다. 그런데 가시철조망을 발명한 사람은 과학자도 건

축업자도 아닌 게으른 양치기다. 그는 양떼가 흩어지지 않도록 신경을 곤두세우기는커녕 양들을 멋대로 풀어놓고 제 몸 편할 궁리만 하던 이였다. 그러던 어느 날, '좀 더 편하게 양을 몰 수 없을까?' 고민하던 양치기의 눈에 가시나무를 피해 돌아가는 양의 모습이 들어왔고, 그는 여기에서 아이디어를 얻어 철사로 가시나무철망을 만들어 돈벼락을 맞았다. 너무 게을러서 한국이라면 '벼락 맞을 놈' 이란 잔소리를 듣고도 남았을 양치기가 게으름을 계기로 거부가 된 것이다.

　여기서 사람은 아무 할 일이 없을 때 비로소 자신의 잠재력을 깨닫는다는 그리스 사상가들의 주장을 되짚어보자. 창의성은 결국 먹고사는 문제와 동떨어진 무엇을 생각해내는 것에서 시작되므로, 남들 보기엔 아무 것도 하지 않는 것으로 보일 수도 있다는 점을 기억해야 한다.

03
내 인생은 나만의 브랜드다

12년 전 내가 20년 가까이 다니던 직장을 그만두고 1인 기업을 하겠다고 선언했을 때, 수많은 이들이 염려와 반대를 표명했다. 뭐 때문에 잘나가는 기업에서 제 발로 걸어나와 사서 고생하느냐는 것이었다.

사실 말이 기업이지 1인 기업은 문자 그대로 사무실도 없고 부하 직원도 없는 사업이다. 게다가 당시 내 유일한 자산이라고 해봐야 성공학이라는 컨텐츠 하나뿐이었으니 말 그대로 맨주먹이라고 해도 과언이 아니었다.

내가 바로 주식회사다

하지만 내가 그런 결정을 내리게 된 데는 그럴 만한 배경이 있었다. 당시 내가 다니던 회사는 사정이 어려워 구조조정이 잦았고, 그 파고가 내게도 미쳤다. 그래서 생각 끝에 독립만세를 외치고 박차고 나간 것이다. 그런데 이렇게 하게 된 가장 큰 동기가 있었다. 바로 내가 쓴 『주식회사 나』라는 책 때문이었다. 이 책은 회사는 월급을 주지만 꿈은 주지 않는다는 생각으로 쓴 것으로, 이런 시대에 생존하려면 회사 안에서건 밖에서건 그 자신을 하나의 작은 회사로 생각하고 자기 경영을 해야 한다는 내용이었다.

그 뒤로 나는 속된 말로 맨땅에 헤딩하듯이 성공학의 불모지에 나만의 시장을 만들어갔다. 돌이켜보면 이 길은 내가 가진 경험과 지식을 바탕으로 IP(I Producing) 파생 상품을 만드는 것과 비슷했다. IP란 동아일보 연재 특집 「이제 IP 시대다」(2008년 9월)에서도 언급했듯이 자기가 컨텐츠를 생산하는 것을 의미한다. 그리고 나는 이것을 10년 전에 시작한 셈이다.

또한 나와 비슷한 내 제자도 있다. 그는 세계 최초의 풀타임 블로거로서 4~5개 블로거를 운영하는데 이런 독특한 직업으로 CNN에 약 30분 정도 소개되기도 했다. 말 그대로 이제는 직업에 대한 판이 완전히 바뀌고 있는 셈이다.

내 스타일로 세상과 만나라

　가끔 신문사나 방송국에서 내게 성공에 대한 정의를 요하면, 그때마다 나는 "성공은 명예나 돈, 권력이 아니라 자신이 하는 일로 세상에 기여하는 과정"이라고 말한다. 즉 무엇을 하건 나를 낳아준 세상에 무엇인가 주라는 의미다. 언젠가는 강의장에서 이런 말을 한 적도 있었다.

　"성공은 자신이 하는 일로 세상의 중심에 서는 것이다. 이렇게 되면 세상이 당신에게 엑세스(Access)하게 된다."

　그러자면 나만의 스타일로 세상에 접속해야 하는데, 이 접속력은 사람마다 다르다. 마치 자석의 자장(磁場)처럼 접속력이 큰 사람이 있는가 하면, 반면에 그 힘이 작은 사람도 있다. 하지만 어떻게든 나만의 스타일을 만들어 세상과 접속하면 자장이 작건 크건 새로운 세상을 만나게 된다.

　얼마 전 물리학박사가 환경미화원 모집에 응시해서 화제가 되었다. 이것을 놀라워하는 사람들에게 나는 오히려 왜 그게 신기하고 이상한지 되묻고 싶다. 이제는 일과 일자리에 대한 생각을 바꿔야 한다. 단도직입적으로 말해 일자리를 찾지 말고 일자리를 만들어가라. 즉 내가 직업이고 내가 직업의 주체이고 중심인 I Producing을 누구나 할 줄 알아야 한다. 성공하려면 우선 깨우침부터 얻어야 하는 것이다.

　'방랑식객'이라는 별명이 붙은 임지호 씨도 I Producing의 대가이다. 그는 열두 살에 무작정 혼자 일본으로 건너가겠다고 배를 탔다가 제주도에 정착했다. 하지만 어린 나이에 할 줄 아는 일이 없으니 그저

거지처럼 떠돌다가 마음 좋은 식당 주인을 만나 식당 보조로 일하기 시작했다. 그렇게 정규 교육 한번 받아보지 못하고 전국 방방곡곡을 떠돌며 요리를 배웠던 그가, 이제는 번듯이 해외에서도 인정받는 최고의 한식 셰프 자리에 올랐다. 유명 푸드 잡지의 표지 인물로 선정되는가 하면 그가 한식 요리를 눈여겨 본 해외 호텔 체인의 오너가 한식 식당 오픈을 상담하기도 한다.

그는 무엇보다도 자신의 요리에 대해 철저한 철학을 가지고 있다. 음식은 자유이자 자연이라는 신념이다. 그는 오랜 승부와 도전, 노력을 통해 최고 한식 요리사 자리에 올랐고, 이제는 그의 이름만 들어도 아름다운 한식의 세계를 떠올리는 이들이 적지 않다. 즉 그는 I Producing을 통해 '임지호 = 한식' 이라는 새로운 공식을 창조해낸 것이다.

유잡이 길을 보여준다

7 15 21 28 35 45라는 숫자가 있다. 대부분은 로또 복권 숫자를 떠올릴 텐데, 맞는 말이다. 이 법칙을 지키면 당신 인생에 큰 로또가 터질 수 있다. 이것을 풀이하면 이렇다. 사람이 7살에 깨우치면 영재이며, 15세에 깨우치면 특목고에 입학할 수 있고, 21세에 깨우치면 대학생 때 고시에 합격한다. 그리고 28세에 깨우치면 결혼을 잘하고 35세에 깨우치면 부자가 되고, 45세에 깨우치면 인생 후반전이 편하다. 여러분은 언제 깨우칠 것인가? 아직 못 깨우쳤다면 지금부터라도 깨우침의 모멘텀을 찾아야 한다. 그러려면 먼저 깨우침이란 무엇인지를 깨우쳐야 한다.

쉽게 말해 깨우침이란 사물을 보는 고정관념을 깨는 일이다. 인생의 터닝 포인트를 찾는 일이다. 물론 쉬운 작업은 아니다. 한때 「놈놈놈」 이라는 영화가 있었다. 이것을 성공을 준비하는 사람들을 분류하는 데 적용해보면 '분분분'이 성립한다. 이를테면 아무 생각이 없는 분, 걱정 만 하고 계시는 분, 기회를 찾는 분들이다.

나는 대학 강의 때면 특히 유잡(YouJob)론을 강조한다. 한 개인은 Independent Producer(독립 생산자)이고 이것으로 파생 직업을 만들 어야 한다는 의미로서, You가 곧 Job이라는 의미. 취업 특강 때 내가 흔히 하는 말이 있다. 수강생들에게 "오늘 이 시간 이후로 여러분을 전 원 100% 취업을 시켜드리겠습니다."라고 말하는 것이다. 그러면 대부 분은 이상한 눈으로 나를 쳐다보다가 이내 궁금해 한다. 그러면 나는 누군가를 지적해 "전공이 무엇입니까? 그리고 이름은요?" 하고 묻는 다. 그리고 가령 그의 이름이 '김철수'고 전공이 '수학'이라면 "당신 을 취업시켜 드립니다. 〈김철수 수학. Com〉이라는 상호로 구청에 사 업신고를 하세요."라고 말한다.

이런 처방에 대부분은 파안대소하지만 사실 웃고 말 일이 아니다. 이 는 즉 평생직장을 구하는 데 목매지 말고 평생직업을 구하라는 의미다. 실제로 대학생들은 100대 기업에 목을 맨다. 그런데 소위 이 일류기업 들마저도 변하고 있다. 공채 대신 수시 채용을 하며, 경력사원을 우대 한다. 또한 공채도 약 5%에 불과한데 다들 이 안전지대만 찾아다니니 취업문은 좁고 머리는 터지는 것이다.

자기 브랜딩의 시대

실제로 취업에 대한 가치관은 나라마다 다르다. 우리나라와 일본 대학생들은 약 90% 정도가 안전지대라고 할 수 있는 대기업 입사를 원한다. 하지만 프랑스 등 유럽의 대학생들은 대학을 졸업하면 약 50%만 취직하는데, 그것도 대기업이 아닌 미래가 촉망한 중견기업을 최고로 친다. 그리고 나머지는 하고 싶은 공부나 개인 사업을 한다.

그런가 하면 미국의 대학생들은 우선적으로 실리콘밸리에 입성해서 큰 사업을 하는 것이 목표인경 우가 많다. 말하자면 직장 생활보다는 사업을 하겠다는 것인데, 미국이 잘 사는 나라인 것도 이 덕분이 아닐까 싶다.

유잡은 쉽게 말해나 나홀로 창업, 나홀로 사장, 1인 기업을 뜻한다. 더 쉽게 말하면 소호(SOHO) 즉 소규모 자영업(Small Office Home Office) 을 말한다. 미국의 인구조사통계국에 따르면 미국 전체 2500만여 업체 가운데 78% 정도가 1인 기업이고, 1인 기업은 매년 10% 정도로 증가세에 있다. 이웃나라 일본은 단돈 1엔만 있어도 1인 기업을 세울 수 있도록 장려하고 있다.

이젠 과감한 발상의 전환이 필요하다. 취직은 어렵지만 취업은 쉽다. 평생 함께 할 수 있는 직업을 찾는 데 주력해야 한다. 내가 브랜드고 내가 직업이라는 생각으로 〈I +? = 업〉 공식을 풀어가는 사람들이야말로 가장 높이 날아오를 수 있다.

시장 통마다 하나씩은 자리 잡은 '원조 국밥집'을 보자. 어떻게 보면 평범한 국밥일지 모르지만 이곳에는 20년 혹은 30년을 국밥 끓여내는 기술과 맛에 승부를 거는 사람들이 존재한다. 그리고 이들은 어떤 면에서 그 국밥집의 국밥보다도 중요한 브랜딩의 핵심이라고 볼 수 있다. '나 자신이 원조'라는 자신감 그 자체가 훌륭한 상품 홍보 자산이 되는 것이다.

자기계발과 투잡에 게으르지 말라

본질적으로 웰레스트란 잘 쉬는 것을 뜻한다. 하지만 다른 건 게을러도 한 가지 게을러서는 안 되는 것이 있다. 바로 휴식의 선용이다. 내년인 2012년부터 우리 사회는 본격적인 주 5일근무제에 돌입하게 된다. 주 5일제가 사업장의 의무로 정착된다는 뜻이다.

하지만 아직도 우리는 주 5일제의 가치와 선용에 대해서는 무지하다고 볼 수 있다. 그렇다면 주말을 또 다른 삶을 찾아나가는 꿈의 발판으로 이용해보는 것은 어떻겠는가? 진정한 자신을 계발하는 또 다른 장으로 삼는 것이다.

사실상 과거의 자기계발은 통속적이고 실행이 어려운 것들이 많았다. 그러나 이제는 다르다. 자기계발에 대한 의미가 확대되면서 자신의 능력을 최대치로 끌어올릴 수 있는 다양한 장들이 마련되었다. 이는 투잡 열풍에서도 고스란히 드러난다. 최근 들어 직장인들이 단순히 생계에 도움이 되는 차원을 넘어 자신의 진짜 능력을 투잡에서 펼치는 경우가 적지 않기 때문이다. 투잡은 말 그대도 직업을 두 개 가지는 것이지만, 그렇다고 해서 어려운 것만은 아니다. 본업을 안정적으로 유지하면서 또 하나의 출로를 통해 자신의 시험해보는 일이다. 투잡으로 억대 연봉을 올리면서 본업을 접고 투잡에 올인하는 사람들이 많아지는 것도 투잡은 부담감이 적고 흥미 위주로 선택할 수 있으며, 진심으로 자기 사업으로 생각해 더 집중할 수 있기 때문이다.

최근 투잡과 관련한 다양한 세미나들이 개설되고 인기를 끄는 것도 주 5일 근무라는 시간적 여유와 더불어 진정한 자기계발에 목말라하고 있는 이들이 많아졌다는 증거일 것이다. 진심으로 원하는 자에게 장벽이란 없다. 만일 무언가를 새로 시작하고 싶은데 지금 직업을 버리면 불안하다는 생각이 드는가?

그렇다면 투잡에서 새로운 활로를 찾아보자. 앞으로 본격화될 웰레스트 세상은 여러분에게 더 많은 기회를 안겨줄 것이다.

04
삶의 균형을 되찾아라

올해부터 약 770만 명에 달하는 베이비붐 세대들이 한해 수십만 명씩 퇴직하게 된다. 그리고 이런 현상은 여러모로 우리 사회에 큰 영향을 미칠 것으로 예견되고 있다. 얼마 전 한 대기업이 마련한 퇴직 예정자들을 위한 인생설계 강의 때 일이다.

그곳에서 K씨를 만나게 되었는데, K씨는 강의를 들은 후 이렇게 말했다.

"선생님 얘기를 듣고 곰곰이 생각해 보니, 회사에서 일해 온 20년 동안 하루 8시간의 수면을 제외한 16시간 중 자아관계와 육체활동에 사용한 시간이 30분도 되지 않았던 것 같습니다. 가족을 위해 봉사해 온 주말도 크게 다르지 않았습니다. 그 결과는 자아와 건강의 상실뿐이더

군요."

또한 다른 40대 중반의 퇴직 예정자는 병원에서 측정한 육체 나이가 50대 후반으로 나올 만큼 건강을 잃었다며, 육체·정신 에너지를 회사 생활에 '올인' 해 버린 자신이 원망스럽다고 씁쓸한 표정을 짓기도 했다.

무너진 삶의 균형 회복하기

대부분의 사회인들은 가장으로서 회사원으로서 공적인 삶을 사느라 정신적 공황 상태에 빠져 있다. 그러니 퇴직 후 뭘 해야 할지 가닥이 잡히지 않는 것이다. 실제로 군인이나 교사처럼 영악한(?) 사회생활에서 격리되어 있던 이들의 경우 퇴직하면 사기꾼에게 걸려 퇴직금을 날리거나 사업에 실패하는 일이 다반사다.

실시는 낀 이강에서 떠나는 퇴직예정자를 보면 마음이 좋지 않았다. 특정 전자제품에만 딱 들어맞게 설계되어 거기서 떨어져 나오면 쓸모 없어지는 부품처럼 보이기 때문이다. 그렇다면 이런 현상이 일어나는 이유는 왜일까?

간단히 말해 폭넓은 삶을 살지 못한 불균형 때문이다. 대개 직장인으로서의 삶은 오른쪽 그림처럼 4가지 요소로 구분된다.

인생을 〈관계〉라는 측면으로 보았을 때 〈자아관계와 대인관계〉가 서로 대치되고, 〈움직임〉이라는 측면에서 보면 〈육체활동과 정신활동〉으로 나눌 수 있는 것이다. 그런데 문제는 대부분의 직장인의 삶의 형

250

태가 오른쪽에 치우쳐 있다는 점이다. 즉 정신활동과 대인관계에 치우친 삶이 태반인 것이다.

자아관계	정신활동
건강관리 자기계발 취미생활	정신노동 독서/TV/음악감상 구상/계획/고민 등
육체활동	대인관계
육체노동 운동 가사	직장생활 가정생활 사교생활

나는 이 강의에서 인생을 복원하고 인생 후반전에 르네상스를 구축할 방법을 제시해주었다. 이제 은퇴 이후로도 30~40년 정도가 남아 있는 평생 현역 시대가 열렸기 때문이다. 그렇다면 평생 현역으로 슬기롭게 살 수 있는 구체적인 처방은 무엇일까?

현역으로 살기 위해서는

나는 평생 현역을 꿈꾸는 이들에게는 I-BPG라는 인생 조끼를 마련하라고 주문한다. 이다. I-BPG란 〈I-Branding, I-Playing, I-Giving〉 세 가지로 '富(부)라보! My Life'를 만드는 일이다. 이 세 가지를 자세히 소개하겠다.

첫째, I-Branding 이다.

이것은 '나'를 하나의 상품으로 만드는 작업이다. 퇴직자들은 퇴직 후 자신의 정체성을 찾지 못하는 것을 가장 힘들어한다. 즉 "나는 누구인가?"라는 질문이 갑자기 닥쳐오면 당황하는 것이다. 그 해답은 간단하다. 나 = ?의 인생 방정식을 풀면서 나아가야 한다. 가령 '박세리'하면 골프가 떠오른다. '김연아'하면 피켜스케이팅, '박찬호'하면 야구가 떠오른다. 그렇다면 '당신'하면 떠오르는 것은 무엇인가?

이 문제를 푸는 힌트는 지금 하는 '일'에 있다. 당신이 하는 일이 홍보라면 '나 = 홍보', 당신이 하는 일이 인사면 '나 = 인사'처럼 그 직업이 나를 브랜딩할 수 있는 자산이 된다. 은퇴를 했다면 바로 이 자산으로 나만의 상품을 만들어가야 한다. 즉 은퇴할 때 퇴직금이 아닌 '앞으로 할 일'을 가지고 나와야 한다는 것이다.

둘째, I-Playing 이다.

이것은 놀이하는 인간으로서 자아를 발견하는 작업이다. 포스코 회장 취임 1주년을 맞이해 한 일간지에 정중양 회장에 대한 다음과 같은 글이 실린 적이 있었다.

"정 회장은 역사, 종교, 경제 등 다양한 분야와 관련된 독서를 즐기는 '독서광'으로 유명하다. 또한 최근에는 아내와 함께 수영과 색소폰 등을 배우는 등 새로운 문화에 대한 열정이 매우 강하다. 특히 유럽사무소에 근무할 때 배웠던 스노보드는 수준급인 것으로 알려졌다. 매일 오전 6시께 회사에 출근해 1시간 정도 운동을 할 정도로 자기관리가 철저하다."

마찬가지로 I-Playing은 '그냥 먹고 노는 것' 이상의 것이다. 최근 백화점 문화센터에서 섹소폰을 배우는 베이비붐 세대가 증가하고 있다. 많은 이들이 여가 문화로 눈을 돌리기 시작한 것이다. 여건이 된다면 승마도, 요트도, 클래식 음악도 좋다. 자신만의 취미 활동을 하나 찾아 그곳에 '올인' 하는 것도 좋은 I - Playing이다.

또한 이런 I-Playing은 가능한 한 40세 전에 시작하고, 여럿이 하는 것이 좋으며, 합창, 연극, 그림 그리기, 사진 등 나중에 발표회를 열 수 있는 것이라면 더 좋을 것이다.

셋째, I-Giving 이다.

당신도 '작은 김장훈' 이나 '작은 빌 게이츠' 가 될 수 있다. 그러나 기부도 경제적인 것만 있는 게 아니다. 자신이 잘하는 걸 남들과 공유하는 것도 기부다. 프로 보노(pro bono) 즉 지식 기부도 기부다. 경제적 기부가 어렵다면 지식을 풀어라. 이것조차 없다면 육체적 기부 즉 봉사 활동을 하면 된다. " 다 퍼줘서 손해 보는 장사는 없다." 는 말이 있다. 인생이란 장사에서는 퍼주는 게 손해가 아니다. 내가 가진 무엇인가를 남들에게 퍼주어라.

자유자재로 넘나들어라

명품인생은 이처럼 인생 크로스오버(Life Crossover)에서 탄생한다. 일과 놀이, 육체활동과 정신활동, 자아관계와 대인관계를 넘나들면서 1+1=2가 아닌 1+1=3의 통섭형 인생을 만들어야 한다.

직장인의 퇴보에는 두 종류가 있다. 하나는 나이를 먹으면서 체력이나 지능 같은 개인적인 능력이 감소하는 것이며, 다른 하나는 남들은 발전하는데 자신은 제자리에 멈춰 있는 것이다. 요즘처럼 노동시장이 불안정한 사회에서는 전문성만큼이나 보편적인 경쟁력을 길러야 한다. 극단적으로 말해 사막에 떨어뜨려도 살아남을 만큼 자아를 강화시켜야 한다.

세상의 중심은 '나'다. 그 중심을 회사나 가족이 차지하고 있으면 미래와 변화 앞에서 무릎을 꿇게 된다. '나'만의 시간을 가져라. 가능하다면 주말엔 거칠고 치열한 모험 속으로 뛰어들어라. 가족도 소중하지만 결국은 이들도 내가 아닌 타인이다. 자신을 위해 더 많은 시간을 할애하라. 자아와 체력을 강화시켜라. 전문가 수준에 이를 만큼의 취미를 하나 이상 가져라. 아니면 현재 업무와 다른 분야를 선택하여 전문지식을 쌓는 데 시간을 투자하라.

주중에는 적어도 2시간, 주말에는 절반 이상을 당신의 오른쪽이 아니라 왼쪽에 할애해야 한다는 것을 기억하라.

05
당신의 '쥬너지'를 키워라

나는 기업교육 담당자들에게 이른바 '골 때리는' 강사로 소문이 나 있다. 이런 닉네임이 붙은 것에는 이유가 있다. 한 6년 전에 큰 맘 먹고 헤어스타일을 바꾼 것이 그 계기였다. 나이에 어울리지 않게 브리지도 넣고 왁스를 바르고 머리카락을 세우고 다닌 것이다. 수십 년간 지켜온 '아저씨 스타일'을 벗고 힘을 잔뜩 준 셈이었다.

그런데 이 헤어스타일 때문에 웃지 못 할 해프닝이 적지 않게 발생했다. 그중에 가장 기억에 남는 사건이 하나 있다. S전자에서 강의할 때 나를 픽업하러 온 운전기사가 자꾸 룸미러로 나를 살펴보는 것이다. 내가 "기사님, 무슨 이상한 점이라도?" 하고 묻자, 그가 이렇게 말했다.

"교수님! 혹시 주무시다가 나오셨습니까?"

고정관념을 깨고 자신을 꾸며라

이 운전기사는 보통 강사들과 다른 파격적인 헤어스타일을 이상하게 여긴 셈이다. 하지만 내가 헤어스타일 바꾼 것에는 이유가 있었다. 우선 독특한 이미지를 구축하고 싶다는 욕심도 있었거니와 좀 젊게 보이고 싶었던 것인데, 다행히 헤어스타일이 바뀌니 이에 걸맞게 와이셔츠는 물론 구두, 의상도 달라져서 독특한 PI(Personal Identity:자기 정체성)을 구축하게 되었다.

특히 나는 정장에 '노타이'를 하는 것을 좋아하는데 이 역시도 유명세를 치렀다. 한 기업의 강의장에서 담당자가 급히 오더니 "교수님! 넥타이를 매지 않고 오셨네요!" 하면서 자신의 넥타이를 풀어주었다. 이는 모든 강사들이 반듯한 정장 차림으로 오기 때문이었다. 쉽게 말해 그는 강사 = 넥타이 + 정장이라는 고정관념에 빠져 있었던 것이다.

과감하게 결단하라

대머리가 아닌 사람은 대머리의 번뇌를 이해하지 못한다.

40대 중반의 웨딩 촬영 전문 사진가 K씨의 이야기다. 그는 얼마 전 지난 10년간의 번뇌를 한 방에 날려버렸다. K씨의 선택은 중국산 발모제도 아니고 가발도 아니고 모발이식술도 아니었다. 촬영감독 정일성 씨처럼 나머지 머리카락을 시원하게 밀어버린 것이다. 또한 언제나 머리 꼭대기에 앉아 있던 중절모와 어울리는 나이 들어 보이는 옷들을 정리하고, 젊은이들이 즐겨 입는 캐주얼로 모조리 바꾸어 버렸다. 이렇게 해서 K씨는 객관적으로 판단하면 10년, 중절모 스타일과 비교하면 20년은 젊어졌다. 하지만 가장 큰 변화는 외모가 아닌 사람을 대하는 태도에서 나타났다. 이후 그는 당당하고, 더 부드럽고, 더 유쾌하게 사람을 만나게 되었다고 한다.

옷과 헤어스타일은 자기표현이다

동네 건달도 명문대 박사도 예비군복을 입혀 놓으면 똑같이 보인다. 즉 사람은 옷차림에 맞춰 행동하게 된다. 또한 자신감의 일부가 외모에서 나온다는 것도 불변의 진리다. 필자의 친구인 인라인스케이트 마니아 L씨는 인라인 전용 슈트를 입으면 창피해서라도 엉성하게 탈 수 없다고 한다. 값나가는 스케이트로 바꾸고 제대로 복장을 갖추면 눈에 띄게 실력이 늘어난다며 침이 마르도록 외형의 중요성을 강조한다.

얼굴과 옷은 나를 표현하는 가장 1차적인 상징이다. 신입사원 때 처음 입은 정장이 어색했던 것을 기억하는가? 이후 차츰 그 옷이 당신을 길들였다는 것도 기억하는가? 회사 정장의 질서에 길들어 도토리 키 재듯, 행동 비슷비슷한 사람들끼리, 피차일반으로 생각하게 되지는 않았는가?

외모가 경쟁력이 될 때

'뉴포티족(New Forty族)'이란 말을 들어보았는가? 이는 개성과 최신 유행을 추구하는 멋쟁이 40대를 가리키는 말이다. 이들의 특징은 칙칙하고 헐렁한 흔히 말하는 '노땅(?)스타일'을 거부하고 대신 20~30대처럼 과감한 스타일의 콤비 재킷과 슬림한 면 팬츠 등을 입는다는 점이다. 이들은 자신이 지진희, 윤상현인 것처럼 스타일링을 구축하는 '노무족'(NOMU · No More Uncle族 · 아저씨로 불리길 원치 않는 사람), '로열댄디족'(나이에 관계없이 최신 유행을 수용하고, 고급 안목이 있는 사람)이다.

외모는 강력한 무기이자 경쟁력이다. 잘생긴 영업사원의 실적이 그렇지 못한 영업사원보다 높다는 비교 조사자료에는 누구도 만박하시 못할 것이다. 비단 영업사원이 아니라도 외모는 거의 모든 분야에서 전 지신능만 경쟁력으로 작용한다. 다행스럽게도 잘생긴 얼굴은 그리 많지 않으니 중요한 것은 스타일이다. 정상급 연예인들조차도 데뷔 초기 모습을 보면 '어떻게 연예인이 되었을까?' 싶을 정도로 촌스럽다. 그러다가 자기만의 스타일을 만들어가면서 정상에 오른다. 즉 자신만의 개성을 찾아가면서 진정한 스타로 거듭나는 것이다. 이것이 바로 성공을 위한 示(시)너지 파워다.

엣지족의 조건

시너지는 示(보여줄 '시')와 영어 'Synergy'와 'Power'가 합쳐진 말로 '자신을 돋보이게 가꾸는 능력'을 의미한다. 이를 위해서는 엣지족(Edge族)이 되어야 하는데, 엣지족이란 고리타분한 'Job 티'에서 벗어나 트렌드를 이끌어가며 자신만의 독특한 스타일을 구축해가는 우리 주변의 멋쟁이를 말한다. 이런 엣지족이 되려면 다음의 '나이야가라' 전략을 따라야 한다.

첫째, 羅(나)다.

외유내강이라는 말이 있다. 하고 있는 일의 성격이 강한 편이라면 부드러운 인상을 보여줄 수 있는 스타일링이 좋다. 호감을 끄는 데는 따뜻하고 상냥한 인상이 가장 큰 효과를 준다. 이는 카리스마를 외면이 아닌 내면에 쌓아가는 일이다.

둘째, 異(이)다.

스타일이란 남과 다른 그 무엇을 뜻한다. "원판 불변의 법칙"이라는 말도 있지만, 잘생겼든 못생겼든 중요한 것은 자기 개성과 스타일을 만드는 것이다. 예비군복을 입으면 개성 없이 변하는 것처럼, 톡톡 튀는 캐주얼을 입다 보면 사고와 발상도 더 자유로워진다. 가능하다면 파격적인 자기 스타일을 만들라. 남들 입에서 '와' 하는 탄성이 나올 수 있게 하라. 그러려면 스타일링에 파격을 담아야 한다. 당신의 변신은 무죄다.

셋째, 野(야)다.

성공하려면 모든 면에서 아저씨 티를 버려라. 정장에 익숙한 30~40대 직장인들 대부분이 정장도 캐주얼도 아닌 어정쩡한 스타일을 고집한다. 그게 바로 '아저씨 티' 다. 이때는 보색에 익숙해지도록 노력하라. 아저씨 티를 내지 말고 나만의 티를 내라.

넷째, 暇(가)다.

여유를 가져라. 주말에는 직업을 잊어라. 삶의 여유는 자신이 만드는 것이다. 주말 나들이 때는 파격적인 캐주얼에 익숙해지도록 노력해야 한다. 그러려면 정장을 입은 모습에 익숙해진 눈을 씻어야 한다. 이것이 정장의 질서에 억눌린 사고의 자유를 되살리는 힘이 될 수 있다. 몸은 다시 젊어질 수 없다. 그러나 생각은 늙지 않고 언제까지나 젊을 수 있다.

다섯째, 裸(라)다.

성공하려면 자신을 드러내야 한다. 많은 연예인들이 대종상 시상식장에서 자신을 과감히 드러내는 것처럼 말이다. 회사라는 무대의 주연은 다름 아닌 당신이다. 드라마의 주인공처럼 당신의 진면목을 찾아 드러내라. 숨겨진 끼와 열정을 발산하라. 사람의 얼굴은 고유의 것이다. 마찬가지로 그 얼굴처럼 사람에게는 그만의 개성과 스타일이 있다. 평소 " 난 이렇게 연출하고 싶다." 는 게 있으면 그것을 삶 속에 담아라. 변신도 하나의 선택이다.

인생에 변화라는 줄을 긋고 싶은가? 10년 젊어지고 싶은가? 방법은 하나다. 생각을 바꾸면 인생도, 건강도, 이미지도 달라진다. 이제 당신만의 시너지로 당신만의 티를 내라. 무한도전! 나이야! 가라!

06
4가지 뒷다리 병을 조심하라!

어떤 나라가 진짜 '잘사는' 나라일까. 지난 40년간 많은 경제학자들이 국내총생산(GDP)을 기준으로 국가 성공의 점수를 매기는 방식에 의문을 제기해왔다. 물질적 풍요가 전부는 아니라는 것이다.

그런가 하면 지난해 니콜라 사르코지 프랑스 대통령과 데이비드 캐머런 영국 총리는 국민들의 삶의 만족도 등을 반영한 새로운 국가 웰빙 지수를 만들겠다고 밝힘으로써 앞선 경제학자들의 문제제기에 힘을 실어주었다.

돈과 삶의 질은 비례하지 않는다

미국 덴버에서 열린 전미경제학회(AEA)에서도 주목할 만한 성과가 나온 바 있다. 스탠퍼드대학교의 교수인 피터 클레노와 찰스 존스가 1인당 GDP뿐 아니라 사회적 평등, 여가시간, 기대수명 등 계량화가 가능한 요소들을 가미한 웰빙지수를 산출해 발표한 것이다. 그 결과, 물질적인 부(1인당 GDP)와 삶의 질(웰빙지수)은 밀접한 상관관계가 있지만 반드시 일치하지는 않는 것으로 나타났다.

특히 삶의 질 측면에서는 유럽 국가들이 두각을 나타냈다. 기준이 된 미국(100)과 비교해 독일(98.0)과 프랑스(97.4)의 경우 비슷한 웰빙지수를 보였는데, 1인당 GDP지수는 독일(74.0)과 프랑스(70.1)가 미국(100)에 비해 한참 뒤처져 있었던 것이다. 한편 부자나라인 싱가포르의 경우 1인당 GDP지수는 상당히 높았지만 웰빙지수는 43.6에 불과했다. 한국도 1인당 GDP지수는 47.1인 반면 웰빙지수는 이를 크게 밑도는 29.7이었다. 멕시코와 브라질, 러시아, 남아프리카공화국 등도 1인당 GDP지수에 비해 웰빙 지수가 떨어졌다.

(한국경제신문 발췌)

당신의 행복지수는?

신체검사를 하려면 피검사, X - Ray 검사, 체지방 검사 등을 하며, 특히 나이가 들면 정기적으로 검사에 임한다. 노년의 무서운 적인 성인병을 막기 위해서다. 그런데 이 성인병은 흡연, 과식, 과음 등의 생활 습관이 낳은 병이다. 행복지수도 마찬가지다. 만일 행복지수가 낮다면 인생 습관이 나빠서 그럴 가능성이 대단히 높다.

성인병 중에도 4대 성인병이 있다. 고혈압, 당뇨, 비만, 치매다. 그런데 인생에도 행복을 좀먹는 '4대 뒷다리 병'이 있다. 행복한 인생을 살아가는 당신의 뒷다리를 붙잡는 이 4개의 병도 비만, 고혈압, 당뇨, 치매의 모습을 가지고 나타난다. 하나씩 살펴보자.

첫째, 비만이다.

이 비만은 과한 욕심 즉 貪(탐)을 뜻한다. 지나치게 많이 먹고 적게 움직여서 생기는 병이다. 몸이 무거우면 만사가 귀찮아지듯이, 탐욕이 지나치면 실망과 불행의 크기도 커진다. 즉 욕심이 끼어들면 마음의 콜레스테롤이 높아지고, 이것이 만족감의 혈류를 막아 만병의 근원이 되는 것이다.

둘째, 고혈압이다.

우리 마음의 고혈압은 매사에 만족하지 못하고 툭 하면 화를 내는 형태로 나타난다. 늘 하는 말이 불평, 비난, 불만이니 사소한 일에도 스트레스를 받는다. 인생 자체가 긍정이 아니라 부정 쪽에 쏠려 있다. 이렇게 혈압이 높은 인생에 행복이 뿌리내리기는 힘들다. 결국엔 쉽게 쓰러지고 마는 셈이다.

264

셋째, 당뇨다.

이 당뇨는 몸 즉 身(신)에 영향을 미친다. 당뇨는 신체 밸런스가 깨져서 생기는 병이며, 행복을 막는 당뇨는 일과 휴식의 밸런스가 깨지는 것을 의미한다. 일만 하고 쉴 때 쉬지 못하는 패턴이 반복되면 어김없이 행복을 막는 당뇨가 찾아오고, 행복의 눈에는 녹내장이, 행복의 다리에는 관절염이, 행복의 치아에는 풍치가 온다.

넷째, 치매다.

여기서의 치매는 세상과의 관계 즉 通(통)을 말한다. 인간은 사회적 동물이라 혼자서 북 치고 장구 치고 할 수 없다. 결국 가장 불행한 이는 소통할 줄 모르는 불통인간이다. 이들은 항상 나만 챙기기 때문에 나눌 줄도 모르고 받을 줄도 모른다. 이렇다보니 세상이 돌아가는 것을 모르고 세상과 소통하지 못하는 마음의 치매가 찾아온다.

21세기는 공감의 시대다. 공감이란 감정을 함께 하는 것이나. 그래서 혼자가 아니라 함께 해야 한다. 이 병은 나이가 들수록 더 심해지는데, 특징은 자신이 이 병에 걸린 줄 모른다는 것이다.

가진 것에 감사하기

이 4대 뒷다리 병만 잘 관리해도 행복해질 수 있다. 나는 자주 일상이 행복이라는 말을 한다. 인구 67억이 살아가는 지구를 100명이 사는 마을로 가정해 보면, 50명은 영양실조 상태이고, 15명은 비만이며, 1명은 굶어 죽는다. 대학교육을 받은 사람은 1명이고, 컴퓨터를 소지한 사람도 1명이다. 주머니에 현금을 소지하고 있는 사람은 8명에 불과하고, 자가용을 가진 사람은 7명이다.

당연히 주어진 것 같은 우리 인생도 알고 보면 행복이다. 이 행복을 방치하지 말고 감사히 여기며 더 크게 키워가는 것이 우리들의 몫이다.

07
호모 기버스(HomoGivers)가 되라

직장인들의 역할 모델이자 선망인 한국의 CEO들은 어떤 소원을 가지고 살까?

우리나라의 한 카드사가 마케팅 차원에서 '내 생애 최고의 소원'이라는 프로젝트를 실시한 적이 있다. 그런데 여기에 응모한 225명 중에 40%의 CEO가 주문한 소원은 극히 단순했다. 바쁜 업무로 소홀히 했던 가족과 소중한 시간을 갖고 싶다는 것이다. 19%는 전투기 탑승, 히말라야 등반, 남극 탐험 등 도전, 모험과 관련된 소원을 꼽았다. 격무와 스트레스에 시달리다보니 열정이 사라졌고, 열정을 다시 불러올 기회를 갖고 싶다는 것이다.

어려운 이웃을 생각하는 CEO도 많았다. 16%가 장애아동 연주단의 해외공연 지원, 아프리카 현지 봉사활동 같은 사회봉사를 최고의 소원으로 꼽았다. 6%의 CEO는 바쁜 일정 때문에 늘 마음으로만 품고 있었던 배움의 기회를 갖고 싶다고 답했다. 특히 색소폰 연주처럼 학창 시절부터 연주하고 싶었던 악기를 배우고 싶다고 대답한 CEO가 많았다.

(동아일보 발췌)

거미와 개미와 꿀벌 인간형

이 조사에서 가장 눈에 띄는 건 무엇인가? 바늘로 찔러도 피 한 방울 안 나올 것 같은 이들이 장애아동 연주단의 해외공연 지원, 아프리카 현지 봉사활동 같은 사회봉사를 최고의 소원으로 꼽았다는 점이다.

세상에는 세 종류의 사람이 있다. 첫째는 '거미형'이다. 거미는 곤충들이 잘 다니는 길목에 그물을 쳐놓고 벌레가 걸리면 재빨리 달려와서 잡아먹는다. 인간도 이 거미처럼 남에게 해를 입히며 자기 만족을 채우는 사람이 있다.

둘째는 '개미형'이다. 개미는 열심히 일을 하는 곤충이다. 근면하고 성실하기로 소문이 난 개미는 열심히 일을 해서 여름에 먹을 것을 준비해두지만 그것을 나눠줄 줄을 모른다. 이처럼 사람들 중에도 내가 노력해서 번 돈으로 잘 먹고 잘 사는데 무슨 상관이냐는 식으로 사는 사람들이 있다. 이런 이들은 자기만 아는 이기주의형 인간이다.

셋째, '꿀벌형'이다. 꿀벌은 항상 열심히 일을 해서 온갖 꿀과 로얄젤리를 만들고, 이렇게 애써 만든 것을 인간에게 건네주는 곤충이

268

다. 사람들 중에도 이와 같이 남을 위하여 희생하고 봉사하는 사람들이 있다.

청빈함은 그냥 가난이 아니다

미국 심리학회지에 의하면 남에게 베풀고 남을 돕는 사람이 그렇지 않은 사람보다 두 곱이나 오래 산다. 장수 부부 세 쌍에서 두 쌍은 선행을 일상처럼 하고 있었던 것이다. 반면 나누는 것이나 봉사와 무관하게 살아온 사람은 일찍 죽을 확률이 두 배나 높다는 조사도 있었다.

앞서 우리가 살펴본 4종류의 부자 중에 가장 행복한 부자를 꼽으라면 단연 마음(心)부자다. 실로 철학자 강신주는 이렇게 기부 즉 나눔을 이렇게 쉽게 정의한다.

"전철에서 타인에게 좌석을 양보하는 경우를 생각해 보자. 이 경우 좌석은 하나의 선물이 될 수도 있다. 어쨌든 전철에서 누구나 가장 소중하다고 여기는 것은 바로 좌석이니까. 타인에게 좌석을 양보했을 때 한 시간 이상 서서 가야 할 수도 있다. 자신의 소중한 좌석을 양보할 때 그만큼 우리의 다리는 피곤할 것이다. 그렇지만 아이러니한 것은 그럼에도 불구하고 이상한 행복감이 우리를 찾아온다는 점이다."

'가난한 자에게 복이 온다.'는 말의 진정한 의미가 바로 여기에 있다. 자신에게 가장 소중하고 귀한 것을 내어주는 것, 즉 스스로 가난해지려고 하는 자에게만 행복이 찾아든다. 실제로 '빈(貧)'이란 한자는 '나누어주다'는 의미의 '분(分)'과 '조개화폐'를 의미하는 '패

(貝)’ 라는 글자로 이루어져 있다.

　이처럼 소중한 것을 내놓아 가난한 것은 게을러서 발생하는 가난과는 질적으로 다르다. 옛사람들이 청빈(淸貧)을 강조했던 것도 선물로 발생하는 가난이 주는 행복감 때문이 아니었을까 싶다. 선물로 발생하는 가난은 소중한 것을 축적했을 때보다 더 많은 행복을 우리에게 주기 때문이다.”

(동아일보 발췌)

선량한 사람이 이긴다

　얼마 전 강의 차 갔던 한 중소기업 사내식당에서 있었던 일이다. 이곳 직원들의 점심 풍경은 다른 회사의 점심 풍경과는 달라도 아주 달랐다. 한 사람이 식사를 마치고 물컵 살균 보관대로 가더니 뒤따라오는 동료들에게 컵을 하나씩 꺼내주는 것이었다. 그런데 비단 그 한 사람뿐만 아니라 이 회사의 물컵 보관대 문을 연 사람은 누구나 다른 동료에게 먼저 컵을 전달해주는 게 습관이 되어 있었다.

　핀볼 효과(pinball effect)라는 게 있다. 사소한 사건이나 물건 하나가 도미노처럼 연결되고 증폭되어 세상을 움직인다는 이야기다. 언론인 곽병찬의 글에도 비슷한 내용이 전개되어 있다. 정치학자인 로버트 액셀로드 교수가 사회나 개인을 위해 경쟁과 협력 중 무엇이 더 이로운지를 따지는 실험을 했는데, 변형된 ‘죄수의 딜레마’ 게임을 적용한 결과 단연 협력이 월등한 힘을 발휘했던 것이다. 이 실험을 마친 액셀로드는 이렇게 충고했다고 한다.

"굳이 오래 살 생각이 아니라면 협력하지 말라. 사람을 두 번 다시 보지 않겠다면 배반하라. 그러나 그밖의 상황이라면 무조건 협력하라. 착한 사람이 결국 이긴다."

기부 바이러스가 세상을 바꾼다

개성상인들에게 내려오는 속담 중에 하나는 " 다 퍼줘서 손해 보는 장사는 없다."이다. 이제 우리 사회에서도 기부문화가 서서히 자리를 잡아가고 있다. 물론 말처럼 쉬운 일은 아니지만, 다양한 기부문화가 형성되면서 이제 더 많은 기부 참여의 길이 열렸다. 서로가 서로를 돕는 이 기부야말로 사회복지 이상의 든든한 안전장치이다. 그리고 나부터 기부를 시작하는 일은 이런 안전장치를 마련하고 행복까지 덤으로 얻는 행복안전보험과 같다. " 버는 것은 기술, 쓰는 것은 에술"이라는 말이 있다.

무엇이든지 나누면 커진다. 작은 돈, 지식이나 재능도, 아니면 작은 시간이라도 다른 사람을 위해 나누어 보자. 물론 이를 위해 먼저 해야 할 일이 하나 있다. 부자가 되는 통장을 하나 장만해야 하는데, 적금(積金)통장이 아니라 적심(積心)통장이다.

마음부자는 결국 스스로를 가장 행복하게 만들 수 있는 사람이다. 나누면 부자가 된다. 마음을 열면 세상은 따뜻해진다. 기부 바이러스를 퍼뜨리라. 선한 사람이 가장 아름답다.

소중한 이들을 위한 새로운 서곡, 웰레스트의 시대

인생을 어떻게 살고 싶냐고 물을 때, 아마 다양한 대답들을 내놓을 것이다. 하지만 수많은 대답들 중에 가장 많이 들을 수 있는 대답은 "행복하게 살고 싶다." 일 것이다. 실로 우리의 삶의 가치아 행복은 우리시 생각하는 것보다 다양한 것들 속에 존재한다. 우리 인생의 행복은 수억 대의 연봉만으로 완성되는 것이 아니라는 의미다.

그런 의미에서 웰레스트 시대의 도래는 우리가 지금껏 이끌어왔던 삶의 기준을 다시 한 번 고민하고 보다 전진할 수 있는 중요한 텀(Term)을 마련해주는 시대이다. 지금부터 여러분 자신에게 질문을 던져보자. 과연 내가 가장 행복했을 때는 언제인가, 무엇을 할 때 나는 가장 기쁨을 느끼는가?

이 질문에 명확하게 대답할 수 있다면 여러분은 이 책을 제대로 읽어낸 것이다. 이 책은 그저 일을 잘하기 위해, 열심히 살기 위해서만 쓰여지지 않았다. 오히려 내 안의 가치를 일깨우고 진심으로 자신의 삶을 존경하고 나아가고자 하는 욕구를 불러일으킴으로써 나머지는 자연스레 따라오기를 바라며 집필되었다.

이 책을 내기까지 나 자신의 삶에도 많은 반성이 있었고, 이 책과 더불어 좋은 결과들을 많이 얻을 수 있었다. 긴 시간 동안 지지해준 많은 분들에게 감사를 표하며, 이 책이 많은 분들에게 새로운 지표를 찾는 데 도움이 되기를 간절히 바라본다.

이 내 화

참고도서 및 자료

동아일보 2011년 10월 18일 화요일
「빈둥거려야 혁신적 아이디어가 나온다.」
김현수 기자

한겨레 2011년 10월 21일 금요일
「포스코, 4조 2교대 전면 시행
1년 휴무일 80일 이상 늘어」
황예랑 기자

매일경제 2011년 10월 21일 금요일
「포스코, "年87일 더 쉬세요"」
문일호 기자

조선일보 2011년 10월 17일 월요일
「최보식이 만난 사람 - 순수저작만 150권...
'평생 미치도록 공부해온'
김윤식 전 서울대 국문과 교수
"요즘 학생들 思想이 없소...
저 괴물들이 다음 세대를 끌고 갈 텐데"」
선임기자 congchi@chosun.com

동아일보 2011년 10월 17일
「'방랑식객'의 한식 세계화」
홍석민 산업부 차장
중앙일보 2011년 10월 17일 월요일
「오르막 내리막 반복하다
중도 하산하는 내 인생
내 탓이지 누구 탓하랴」
배명복 논설위원

한겨레 2011년 10월 19일
「연말만 되면 가짜 휴가계획서 쓰는 까닭」
박태우 기자

매일경제 Weekend 2011년 10월 22일
「밤을 잊은 현대인을 향한 생체시계의 경고
'시간을 빼앗긴 사람들'」
틸 뢰네베르크 지음/유영미 옮김
허연 기자

매일경제 2011년 10월 21일
「이 한 길의 빛나
셜리 베럿 '삼손과 데릴라(1981)'
'검은 칼라스' 그녀의 절정기
최고의 동반자 돼준 데릴라」
이경진 기자

조선일보 2011년 10월 21일
「숙제가 아닌 축제, 인생 이모작」
심현정 기자

명교수 명강의(만남)

다니엘 핑크가 제시한 그림
2) '무조건 열심히'의 삶 vs
'창조와 영감'으로 사는 삶

웰 레스트

1판 1쇄 인쇄 | 2011년 12월 05일
1판 1쇄 발행 | 2011년 12월 12일

지은이 | 이내화
발행인 | 이용길
발행처 | 모아북스 MOABOOKS

총괄기획 | 정윤상
관리 | 정 윤
디자인 | 이룸

출판등록번호 | 제 10-1857호
등록일자 | 1999. 11. 15
등록된 곳 | 경기도 고양시 일산구 백석동 1332-1 레이크하임 404호
대표 전화 | 0505-627-9784
팩스 | 031-902-5236
홈페이지 | http://www.moabooks.com
이메일 | moabooks@hanmail.net
ISBN | 978-89-90539-73-1 13320

모아북스 MOABOOKS는 독자 여러분의 다양한 원고를 기다리고 있습니다.
(보내실 곳 : moabooks@hanmail.net)

당신이 생각한 마음까지도 담아 내겠습니다!!

책은 특별한 사람만이 쓰고 만들어 내는 것이 아닙니다.
원하는 책을 기획에서 원고 작성, 편집은 물론,
표지 디자인까지 전문가의 손길을 거쳐
완벽하게 만들어 드립니다.
마음 가득 책 한 권 만드는 일이 꿈이었다면
그 꿈에 과감히 도전하십시오!

업무에 필요한 성공적인 비즈니스 뿐만 아니라 성공적인 사업을 하기 위한 자기계발, 동기부여,
자서전적인 책까지도 함께 기획하여 만들어 드립니다.
함께 길을 만들어 성공적인 삶을 한 걸음 앞당기십시오!

도서출판 모아북스에서는 책 만드는 일에 대한 고민을 해결해 드립니다!

모아북스에서 **책**을 만들면 아주 **좋은 점**이란?

1. 전국 서점과 인터넷 서점을 동시에 직거래하기 때문에 책이 출간 되자마자 온라인, 오프라인
   상에 책이 동시에 배포되며 수십년 노하우를 지닌 전문적인 영업마케팅 담당자에 의해
   판매부수에 따라 책이 판매되는 만큼 저자에게 인세를 지급해 드립니다.

2. 책을 만드는 전문 출판사로 한 권의 책을 만들어도 부끄럽지 않게 최선을 다하며 전국 서점에
   베스트셀러, 스테디셀러로 꾸준히 자리하는 책이 많은 출판사로 널리 알려져 있으며, 분야별
   전문적인 시스템을 갖추고 있기 때문에 원하는 시간에 원하는 책을 한치의 오차없이 만들어
   드립니다.

시집, 소설집, 수필집, 시화집, 경제·경영처세술
개인회고록, 사보, 카탈로그, 홍보자료에 필요한 모든 인쇄물

모아북스 책들은 삶을 유익하게 만듭니다.　　　　　　www.moabooks.com

도서출판 **모아북스**
MOABOOKS

개미와베짱이
경제 · 경영 · 교육 전문출판

i room
디자인 | 광고기획

411-817 경기도 고양시 일산구 백석동 1332-1 레이크하임 404호
대표전화_0505-6279-784 FAX_031-902-5236